NATALIE STADELMANN

Babybrei

Der sichere Einstieg in die Beikost

Informationen · Empfehlungen

Die besten Rezepte

Mit Fotos von
Barbara Lutterbeck

Pichler

Inhalt

Vorwort

»Wann und was kann oder darf ich meinem Baby als Beikost füttern? Wie bereite ich Babynahrung zu? Müssen es Fertiggläschen sein, wenn ja, welche? Wenn nein, wie fertige ich Babybreie selber richtig an? Wo kann ich das alles nachlesen?«

Derlei Fragen werden mir seit Jahren gestellt. Junge Mütter sind auf der Suche nach einer kompetenten Fachperson, die ihnen in den Fragen rund um die erste Babykost zur Seite steht. Wir Hebammen sind für die Mütter Ansprechpartnerinnen bis zum Ende der Stillzeit. Muttermilch ist für die ersten Lebensmonate des Kindes die bevorzugte Nahrung und zunächst durch nichts zu ersetzen. Erfreulicherweise stillen viele Frauen ihr Kind auch tatsächlich so lange, bis es nahtlos zur Löffelkost übergehen kann. Ob nun bereits im vierten Lebensmonat oder erst im achten, mit mehr oder weniger Appetit verlangt jedes Kind nach fester Nahrung und bevorzugt Frisches vom Tisch der Eltern. Damit dieser Übergang Mutter, Vater und Kind Freude bereitet, bedarf es einer gewissen Grundinformation.

Viele Frauen kennen sich weder in der Lebensmittelkunde aus, noch besitzen sie Kocherfahrung. Manche können nur noch Fertiggerichte wärmen, und eine große Anzahl Menschen nimmt bis zum ersten Kind das Essen im Berufsleben entweder nicht ernst oder aus Zeitknappheit als Schnellimbiss um die Ecke zu sich. Fertigkost, Fastfood und kohlenhydratreiche Speisen aus Weißmehl sind für viele zur ganz normalen Ernährung geworden. Nun aber, mit dem Baby, kommt für viele Mütter die Chance, sich als Köchin zu üben und sich Gedanken zu machen, woraus gesunde Gläschenkost bestehen soll.

Die erste feste Nahrungsaufnahme bedeutet nicht nur, den Hunger zu stillen, sondern die erste kleine Trennung von der intensiven Mutter-Kind-Still-Beziehung, loszulassen also von einer starken Bindung und sich einer neuen Welt anzuvertrauen, die vieles und zunächst auch Unbekanntes zu bieten hat. Es beginnt im Kreis der Familie, am Tisch bei den Erwachsenen. Am Tisch, der symbolisch oft als runder Tisch bezeichnet wird, an dem Probleme gelöst werden können. An diesem also hat das Kind nun einen festen Platz und erlebt die Welt nicht mehr in einer liegenden und behüteten, sondern in einer aufrechten, den-anderen-ins-Auge-blickenden Körperhaltung. Aus dem gestillten »Liegling« wird nun ein sitzendes Kleinkind.

Nicht nur für Mutter und Kind, auch für die Väter beginnt nun eine neue Lebensphase. Bislang war zwischen der stillenden Partnerin und dem Kind eine sehr innige Beziehung, der er als Vater manchmal eher macht- und hilflos gegenüberstand. Jetzt kommt auch er in die Lage, dem Kind Nahrung zu geben. Nahrungsaufnahme über den Mund stillt tatsächlich viele Bedürfnisse des Kindes, nicht nur den Hunger, sondern auch die nach Nähe und Zufriedenheit. Sicherlich ist dies nicht nur dem Stillen und Essen vorbehalten, denn jede Form von Hautkontakt schenkt dem Kind große Geborgenheit.

Mit Beginn der Beikost kann auch der Vater seiner Rolle des Ernährers im wahrsten Sinne des Wortes gerecht werden. Es ist die Gelegenheit für ihn, eine wunderbare Vater-Kind-Beziehung aufzubauen. Sofern es irgendwie machbar ist, ist es ratsam, so viele Mahlzeiten wie möglich gemeinsam einzunehmen; manche Väter nutzen in dieser Lebensphase des Kindes bereits die Möglichkeit zur Elternzeit.

Wenn Essen Freude macht und die Mahlzeiten gar im Kreis der Familie gemeinsam eingenommen werden, dann können die ersten Grundsteine für ein intaktes Familienleben gesetzt werden. Das Erfahrene in der Kindheit macht es im späteren Leben möglich, dies an die eigenen Kinder weiterzugeben. Da unser Erinnerungshirn auch diese Lebenserfahrung abspeichert, ob positiv oder negativ, ist es sinnvoll, gut informiert und mit frohem Mut die ersten Esserfahrungen des Kindes zu begleiten. Hat es erst mal erlebt, dass Essen etwas Schönes ist und frisches Gemüse schmeckt, sind die ersten Weichen für eine gesunde Ernährung bereits gestellt. Und dass gesundes Essen der Grundstock für ein gesundes Leben ist, das wusste schon Paracelsus, dessen Spruch aus dem 14. Jahrhundert bis heute Gültigkeit hat: »Lasst eure Lebensmittel eure Heilmittel sein.«

Nun endlich kann ich ein gutes und aus Erfahrung geschriebenes Buch zum Thema »Gesunde Beikost für Ihr Baby« mit gutem Gewissen empfehlen. Auf den folgenden Seiten finden Sie als junge Mutter nicht nur nahrhafte und einfach zuzubereitende Babykost, sondern auch Einblicke in die Lebensmittelkunde.

Diesem wertvollen Buch, das Sie zwar nur für wenige, aber sehr prägende Wochen im Leben Ihres Kindes benötigen, wünsche ich von Herzen, dass es den Buchmarkt erobert und in vielen Familien nicht nur gelesen, sondern das Geschriebene auch umgesetzt wird.

Ihre

Ingeborg Stadelmann

Zeit für Beikost

Der richtige Zeitpunkt

Bei jedem Kind, ob es nun voll gestillt oder mit spezieller Ersatzmilch für Säuglinge ernährt wurde, ist es irgendwann an der Zeit, mit dem Löffel zuzufüttern. Laut Empfehlung des Forschungsinstituts für Kinderernährung Dortmund (FKE) und den »Österreichischen Beikostempfehlungen« sollte man frühestens ab dem fünften und spätestens Anfang des siebten Lebensmonats damit beginnen.

➔ Vermeiden Sie es nach Möglichkeit, Ihr Kind zu früh und zu häufig in sitzende Positionen zu bringen. Erst wenn es sich eigenständig aufsetzen und die Sitzposition auch sicher und ungestützt halten kann, ist sein Rücken stark genug. Vor diesem Zeitpunkt sollten Sie es auch nicht alleine zum Essen hinsetzen.

Auch wenn Sie hier und da anderes hören sollten: Vermeiden Sie es, Ihrem Kind früher Beikost anzubieten, denn die Verdauungs- und Ausscheidungsorgane des Säuglings brauchen diese Zeit, um zu ihrer vollen Funktionstüchtigkeit heranzureifen.

Hingegen sollten Sie durchaus darauf achten, wann genau zwischen dem fünften und siebten Monat Ihr Kind bereit ist für das erste Löffelchen. Es gibt eine Reihe von Signalen, die Ihnen Hinweise geben – man nennt sie auch Beikost-Reifezeichen: Ist das Baby in der Lage, immer stabiler selbstständig zu sitzen? Verfolgt es mit wachsendem Interesse die Mahlzeiten der »Großen«? Nimmt es vielleicht schon alleine Lebensmittel in den Mund und erkundet deren Konsistenz und Geschmack? Oder haben Sie den Eindruck, dass es in letzter Zeit immer häufiger gestillt werden möchte, also verstärkt Hungergefühle zeigt?

Kein Baby ist wie das andere

Bedenken Sie, jeder Mensch ist anders, und auch Ihr Kind ist ein einzigartiges Individuum. Lassen Sie ihm deshalb die Zeit, die es braucht, seine Welt zu entdecken und zu erkunden. Dazu gehört auch der Umgang mit dem Löffel. Am Anfang ist es oft mehr ein Spiel und Kennenlernen von Geschmacksvariationen als richtige Nahrungsaufnahme. Manche Babys brauchen etwas länger Zeit, um sich auf Breikost einzulassen, und ziehen es bisweilen mit acht oder neun Monaten noch vor, gestillt zu werden oder aus dem vertrauten Fläschchen zu trinken.

Die Brust dürfen Sie ihrem Kind übrigens weiterhin geben – beliebig lange, sofern Sie und ihr Kind Freude daran haben. Es spricht jedenfalls nichts dagegen, zusätzlich zur festen Nahrung Muttermilch anzubieten, denn diese enthält wichtige Schutzstoffe, die für das Immunsystem und die Krankheitsabwehr Ihres Babys sehr wertvoll sind. Die Weltgesundheitsorganisation (WHO) empfiehlt sogar, bis zum zweiten Lebensjahr begleitend zu stillen, nach Belieben auch darüber hinaus. Auch der Entstehung von Allergien beugt paralleles Stillen effektiv vor.

Was bedeutet Beikost?

➔ Essflaute? Ursachen können die Zähne oder ein Infekt sein, die Ihrem Kind vorübergehend zu schaffen machen. Warten Sie ein paar Tage ab, und versuchen Sie dann, ob Ihr Baby wieder bereit für Breikost ist.

Wie der Name schon sagt, sollen nicht im Hauruckverfahren Muttermilch oder Fläschchen durch Brei ersetzt werden. Vielmehr ist es Sinn der Beikost, sie langsam als Ergänzung zur gewohnten Milchmahlzeit einzuführen und auf diese Weise das Baby mit wichtigen Nährstoffen und zusätzlicher Energie zu versorgen. Vor allem aber dient sie dazu, ihm neue Geschmackseindrücke zu vermitteln und es so Schritt für Schritt an feste Nahrung zu gewöhnen. Ziel ist es, bis zum Anfang des zweiten Lebensjahres die Babykost langsam in die Familienmahlzeiten zu integrieren.

Auf dem Weg zum Familientisch

Ähnlich wie Ihr Baby Sie in den vergangenen Monaten immer wieder mit neu erlernten Fähigkeiten überrascht hat, werden Sie auch in punkto fester Nahrung schrittweise Fortschritte feststellen, bis es so weit ist, dass Ihr Kind an den gemeinsamen Mahlzeiten teilnehmen kann. Es empfiehlt sich im Übrigen, es von vornherein zu integrieren und vom ersten Löffelchen an mit an den Familientisch zu nehmen. Essen ist schließlich nicht nur Nahrungsaufnahme, sondern zugleich ein soziales, kulturelles und genussvolles Miteinander.

Sie werden in diesem Buch eine Vielzahl von Rezepten finden, wie Sie für Ihr Kind köstliche und gesunde Breie zubereiten können.

Mit frisch gekochten Breien entscheiden Sie, was Ihr Baby auf den Teller bekommt, und können sowohl Vorlieben als auch Unverträglichkeiten berücksichtigen sowie eine Vielzahl an Geschmackseindrücken anbieten. Gerade Letzteres hilft sehr, Ihr Kind schrittweise in die Familienmahlzeiten einzubinden. Genießen Sie also gemeinsam die Vorzüge liebevoll zubereiteter Babybreie.

➔ Spezielle Babylöffelchen sind so geformt, dass Ihr Kind den Brei leicht aufnehmen kann. Sie sind aus Plastik oder Horn (Naturmaterial) und Temperaturschwankungen weniger unterworfen als Metalllöffel. Das heißt, sie kühlen nicht so schnell ab und nehmen andererseits Hitze nicht so stark an. Achten Sie auf jeden Fall auf eine Herstellerkennzeichnung, dass das Besteck frei von schädlichen Weichmachern wie Bisphenol A ist.

Die ersten Versuche

Die Einführung von Beikost erfordert in der Regel Geduld. Nehmen Sie sich deshalb genügend Zeit für die ersten Versuche. Legen Sie immer ein Lätzchen um, und halten Sie ein Spucktuch bereit. Erfahrungsgemäß geht noch vieles daneben oder wandert direkt wieder aus dem Mund – mal mit mehr, mal mit weniger Schwung und Gepruste. Besorgen Sie entsprechende Plastiklöffelchen für Babys, und achten Sie darauf, dass Ihr Kind bei den ersten Versuchen ausgeschlafen und nicht extrem hungrig ist. Vermeiden Sie Unruhe und Ablenkungen wie Radio oder Fernsehen, und räumen Sie auch Spielzeug aus dem Sichtfeld.

Was ist beim Hochstuhlsitz zu beachten: Wichtig ist ein gut gepolsterter und bequemer Innensitz, der idealerweise waschbar ist. Achten Sie auch auf ein höhenverstellbares Fußteil, denn dann wächst der Stuhl mit. Bei vielen Modellen lässt sich das Esstablett ebenfalls in verschiedenen Positionen arretieren und gibt so bei jeder Größe guten Halt, ohne einzuengen.

Suchen Sie sich einen bequemen Platz, nehmen Sie Ihr Kind auf den Schoß – außer Reichweite des Breischälchens –, oder setzen Sie es sicher in den Hochstuhl.

Solange Ihr Baby den Mund öffnet, fordert es Nachschub. Dreht es jedoch den Kopf weg, rutscht zurück, wird gar quengelig oder weinerlich, dann signalisiert es Ihnen, dass es genug hat. Akzeptieren Sie das. Allerdings sollten Sie überprüfen, ob Ihr Kind vielleicht durstig ist, aufstoßen muss oder ob gerade etwas in der Windel landet. In diesen Fällen können Sie nach Behebung der »Störung« noch einmal Brei anbieten.

Löffelchenweise neues Erleben

Der erste Brei, den Ihr Kind bekommt, besteht in der Regel aus reinem Gemüse. Bewährt hat es sich, mit einer Mittagsmahlzeit anzufangen – mit zwei bis drei – Löffeln im Anschluss an die gewohnte Milchnahrung. Diese Menge können Sie dann von Tag zu Tag steigern, bis Sie auf etwa 80 bis 100 Gramm kommen.

Auf jeden Fall sollten Sie zuerst bei einer einzigen Gemüsesorte bleiben, weil Ihr Kind sich an den neuen Geschmack erst gewöhnen muss. Ist die erste Hürde genommen, dass der Säugling ein Gemüse mag, kann der Brei nach und nach um Kartoffeln oder Getreideflocken und ab dem siebten Monat gelegentlich um etwas Fleisch, Fisch oder Ei angereichert werden.

Pur punktet: Verzichten Sie auf das Nachwürzen der Breie. Ihrem Kind bekommt und schmeckt es pur am besten!

Wird der erste Gemüse-Kartoffel/Getreide-Brei akzeptiert, können Sie beginnen, neue Gemüsesorten auszuprobieren und ihrem Kind verschiedene Lebensmittel anzubieten, damit es sich mehr und mehr an die unterschiedlichen Geschmacksvarianten gewöhnt. Auf keinen Fall aber sollten Sie Zucker, Salz, Gewürze, Kakao oder Vanille zusetzen, und auch frische Kräuter gehören nicht vor dem elften Lebensmonat in den Babybrei.

Trinken nicht vergessen!

Von dem Moment an, wo es feste Nahrung zu sich nimmt, benötigt Ihr Kind natürlich zusätzliche Flüssigkeit. Bieten Sie ihm deshalb zu jedem Essen etwas zu trinken an. Am besten in einer Schnabeltasse oder vorsichtig aus Becher oder Glas. So lernt es schon bald den Umgang mit diesen Trinkgefäßen, und die Umstellung von der Flasche geht leichter vonstatten.

Optimale Durstlöscher sind Wasser oder stark verdünnter, milder Babytee. Kräutertees sollten Sie aufgrund ihrer heilpflanzlichen

Wirkung nicht als normales tägliches Getränk verwenden, und auch Früchtetees sind nicht empfehlenswert, weil ihr hoher Säuregehalt einen wunden Babypo begünstigt. Geeignet sind gelegentlich dünne Aufgüsse – ein halber Teelöffel pro Tasse Wasser – von Fenchelsamen, Zitronenmelisse, getrocknetem Apfel oder Hagebutte.

Vermeiden Sie Fruchtsäfte in der Trinkflasche, denn die darin enthaltene Säure greift in Kombination mit dem Fruchtzucker den Zahnschmelz an und begünstigt so die Entstehung von Karies. Gleiches gilt für schnell lösliche Instanttees, die ebenfalls auf Zucker basieren.

Gegen Leitungswasser ist generell nichts einzuwenden, doch müssen Sie es in den ersten sechs Lebensmonaten abkochen. Danach kann Ihr Kind es auch frisch aus der Leitung bekommen, sofern die Wasserqualität in Ordnung ist. Sind Sie diesbezüglich unsicher, fragen Sie einfach beim zuständigen Wasseramt nach. Auf der ganz sicheren Seite sind Sie natürlich, wenn Sie kohlensäurefreies Mineralwasser mit niedrigem Mineralstoff- und Nitratgehalt verwenden. Diese tragen die Aufschrift »Zur Zubereitung von Säuglingsnahrung geeignet«. Heilwässer wiederum oder aromatisierte Mineralwässer sind für Ihr Kleinkind nicht geeignet.

Essen fassen!

Ungefähr zur selben Zeit, wenn Babys zeigen, dass sie reif für Beikost sind, entwickeln sie auch die Fähigkeit, selbst Gegenstände zu greifen und zu halten. Unterstützen Sie diesen Lernprozess, und ermöglichen Sie es Ihrem Kind, nach Lebensmitteln zu greifen und diese in den Mund zu führen. Zum einen gewöhnt es sich frühzeitig daran, eine Auswahl zu treffen und verschiedene Nahrung zu unterscheiden, indem es sie mit seinen Sinnesorganen erkundet, sie tastet, riecht und schmeckt, und zum anderen ist dies ein gutes Training für die Ausbildung von Feinmotorik und Auge-Hand-Mund-Koordination.

➔ Gerade »beikost-müde« Kinder sprechen gut auf »Baby-Fingerfood« an, weil es für sie eine sinnliche und erlebnisreiche Möglichkeit ist, Nahrungsmittel für sich zu entdecken. Und irgendwann landen dann auch diese Breiverweigerer am Familientisch.

Bieten Sie Ihrem Säugling von Beginn der Beikost-Einführung an auch Fingerfood an. Das können anfangs babyfaustgroße Stückchen Obst und Gemüse sein, die Sie weich gegart haben, sodass das Kind sie im Mund zerdrücken oder den Saft heraussaugen kann. Im Laufe der Zeit werden die Stückchen immer kleiner, damit der Zangen- oder Pinzettengriff erlernt wird – das heißt das Greifen mit Daumen und Fingern. Achten Sie darauf, dass die Lebensmittel weich sind, weil sich Ihr Kind sonst womöglich verschluckt. Erst mit acht Monaten sind die meisten Babys in der Lage, kleine Stückchen Brot oder Nudeln einzuspeicheln und am Gaumen zu zerdrücken.

Extraküche fürs Baby?

Verständlicherweise erschrecken manche Eltern bei dem Gedanken, von nun an monatelang tagtäglich extra für ihren Säugling kochen zu müssen. Noch mehr Aufwand, noch mehr Geschirr, noch mehr Arbeit? Keine Angst, das alles ist halb so schlimm! Zumindest nicht, wenn man es geschickt anfängt.

Dazu gehört als Allererstes, auf Vorrat zu kochen, weil das eine enorme Einsparung an Aufwand und Zeit bedeutet. Bereiten Sie eine größere Menge Brei zu, und frieren Sie diesen portionsweise ein. Allerdings müssen Sie dabei ein paar wichtige Grundsätze beachten:

- Obst/Gemüse und Fleisch immer vorher garen und fein pürieren, dann separat einfrieren.
- Das Öl zum Brei immer erst direkt vor dem Essen beigeben, nicht mit einfrieren.
- Kartoffeln eignen sich nicht zum Einfrieren. Diese entweder immer frisch zubereiten und dann zu den aufgetauten Gemüsebreien geben oder statt Kartoffeln Getreideflocken hinzufügen.
- Bewährt hat es sich, den Brei zuerst in Eiswürfelbehältern durchzufrieren und dann die Würfel gut verschlossen in einen Gefrierbeutel zu legen. Sorgfältig beschriftet mit Inhalt und Datum können Sie so ein vielfältiges Sortiment an »Essensbausteinen« bereithalten. Die Würfel lassen sich einzeln entnehmen und rasch auftauen. Je nach Alter braucht ein Kind anfangs zwei bis drei, ab dem neunten Lebensmonat fünf bis sechs Stück pro Mahlzeit.
- Auch tiefgefroren sind Lebensmittel nur begrenzt haltbar: Obst und Gemüse etwa sechs Monate, Fleisch ungefähr drei. Bedenken Sie bei Ihrer Vorratshaltung zudem, dass Ihr Baby seine Essgewohnheiten ändert und um den ersten Geburtstag herum von der Breikost auf richtig feste Nahrung umsteigt.

Beim Auftauen ist auf äußerste Hygiene zu achten. Legen Sie die gefrorenen Speisen am besten in ein sauberes Gefäß, und tauen Sie sie im Kühlschrank schonend auf, vor allem wenn es sich um Obstpürees handelt. Gemüse und Fleisch lassen sich auch unmittelbar vor dem Essen aus dem Gefrierfach nehmen und mit etwas Wasser auf der mittleren Stufe auf dem Herd erwärmen.

Eine Alternative zum Vorkochen und Einfrieren besteht darin, dass Sie nur einen Vorrat auf etwa drei Tage anlegen, den Sie in kleinen Portionsbehältern gut verschlossen einfach im Kühlschrank aufheben. Achten Sie darauf, den Brei zum Aufbewahren immer rasch abzukühlen. Am besten geht das in einem kalten Wasserbad. Im warmen Brei können sich besonders gut krank machende Keime vermehren.

➔ Nitrat wird in Pflanzen produziert beziehungsweise über den Boden aufgenommen und unter Sonneneinstrahlung wieder abgebaut. Besonders Treibhausgemüse ist häufig sehr nitratreich. Aber auch Spinat, Zucchini, Fenchel und Rote Bete sind nitratreich. Bei längerem Warmhalten oder Wiederaufwärmen wird aus Nitrat gesundheitsgefährdendes Nitrit gebildet. Ebenso können im Darm vorkommende Bakterien Nitrat zu Nitrit umwandeln. Nitrit beeinträchtigt beim Säugling den Sauerstofftransport im Blut, und in Kombination mit Eiweißen können darüber hinaus krebserregende Nitrosamine entstehen.

Eine weitere Möglichkeit, den Aufwand zu minimieren, besteht darin, die Zubereitung von Babys Breikost mit der des Familienessens zu verbinden. Ich handhabe das beispielsweise gerne so, dass ich die gleichen Grundzutaten verwende. Auch wenn Sie natürlich anders würzen und zubereiten müssen, ist Zeit gespart. Außerdem wird Ihr Kind auf diese Weise noch besser an die Familienkost herangeführt und profitiert zudem davon, dass Sie für die »Großen« in der Regel das kochen, was die Natur für die jeweilige Saison vorgibt.

→ Als Orientierung und Einkaufshilfe finden Sie auf Seite 37 einen Kalender für saisonales Obst und Gemüse, der Ihnen zeigt, welche Sorten Sie in welchem Monat frisch auf dem Markt bekommen können. Einige Rezepte in diesem Buch geben Ihnen überdies Anregungen, welche Gerichte Sie in Anlehnung an Babys Brei für die großen Esser zubereiten können.

Alles bio – oder was?

Haben Sie sich auch schon die Frage gestellt, ob bio wirklich besser ist? Oder was bio eigentlich bedeutet?

Ohne Wenn und Aber ist Biokost gerade in der Kinderernährung sinnvoll, da bei der Erzeugung der Produkte auf den Einsatz chemisch-synthetischer Pflanzenschutzmittel verzichtet und somit das Risiko der Schadstoffbelastung reduziert wird. Außerdem enthalten Nahrungsmittel aus biologischem Anbau oft mehr Vitamine, Mineral- und andere wichtige Pflanzenstoffe. Bei tierischen Produkten können Sie bei biologischer Haltung davon ausgehen, dass weitgehend auf Medikamente verzichtet wird und die Tiere artgerecht aufgezogen werden.

Im Handel gibt es mittlerweile eine enorme Vielzahl an verschiedenen Bioprodukten mit unterschiedlicher Kennzeichnung. Die EG-Öko-Verordnung regelt, dass auch tatsächlich bio drin ist, wo »bio« oder »öko« draufsteht, wobei die Begriffe biologisch und ökologisch gleichbedeutend benutzt werden. Kennzeichnungen hingegen wie »integrierter Landbau«, »aus kontrolliertem Vertragsanbau«, »naturnah«, »unbehandelt« oder »kontrolliert« weisen nicht auf eine Produktion oder Verarbeitung im Sinne des ökologischen Landbaus hin.

→ Vor allem die Siegel der ökologischen Anbauverbände wie Demeter, Bioland oder Naturland bieten strenge Kriterien und Sicherheit beim Lebensmittelkauf.

Lebensmittel-kunde

Das Beste fürs erste Lebensjahr

Obst und Gemüse

➜ **Eine wichtige Regel für eine ausgewogene und gesunde Ernährung lautet: Orientieren Sie sich bei der Zusammenstellung des Speiseplans an den Ampelfarben Rot, Gelb und Grün, und versuchen Sie diese in einem ausgewogenen Verhältnis zu mischen. Dann sind Sie auf der sicheren Seite – für Ihr Kind und für sich selbst.**

Von besonderer Wichtigkeit für die Beikosternährung sind Obst und Gemüse, liefern sie doch lebenswichtige Vitamine, Mineralstoffe und verschiedene sekundäre Pflanzenstoffe. Letztere, wie beispielsweise Flavonoide oder Carotinoide, kommen in diversen Früchten vor und leisten als wesentliche Schutzstoffe einen entscheidenden Beitrag für die Gesundheit gerade des Kleinkinds. Dazu zählen unter anderen die orangegelben oder roten Carotinoide in Karotten, Kürbis, Aprikosen, Tomaten oder Paprika.

Einen Anhaltspunkt dafür, wie viel Obst und Gemüse empfehlenswert ist, bietet die sogenannte »Fünf-am-Tag-Regel«. Im Klartext bedeutet das für einen Erwachsenen, dass er täglich fünf handtellergroße Portionen Obst und Gemüse essen sollte. Und bei Ihrem Baby entspricht das etwa der Menge, die in seine kleinen Händchen passen würde – was mit zunehmendem Wachstum entsprechend zunimmt und bei der Portionierung entsprechend berücksichtigt werden muss.

Allerdings sollten Sie nicht nur auf die richtige Menge achten, sondern auch auf ausgewiesene Qualität. Im konventionellen Obst- und Gemüseanbau werden nämlich häufig Pestizide eingesetzt, um die Früchte vor Schädlingsbefall zu schützen, die dann Rückstände bilden und die Gesundheit gerade von Babys gefährden können. Deshalb ist es ratsam, bei besonders belasteten Sorten auf kontrolliert biologisch erzeugte Produkte zurückzugreifen. Das gilt insbesondere für die Fruchtsorten Apfel, Aprikose, Birne, Brombeere, Erdbeere, Himbeere, Johannisbeere, Kirsche, Mandarine und Pfirsich sowie für Aubergine, Gurke, Paprika, Salat und Tomate.

Ein weiteres Argument für den Kauf von Bioprodukten sind der niedrigere Nitratgehalt (s. Seite 14) in Obst und Gemüse sowie der höhere Gehalt an Vitaminen, Mineral- und sekundären Pflanzenstoffen. Dass man jedoch auch Bioprodukte vor dem Verzehr oder der Zubereitung der Speisen gründlich unter fließendem Wasser waschen sollte, versteht sich von selbst. Im Folgenden können Sie sich auf die Schnelle informieren, welche Sorten warum für Ihr Kind in besonderer Weise geeignet sind, und sich dadurch auch Anregungen und Hilfe für die Auswahl der Breirezepte holen.

Obst

Apfel

Eignet sich hervorragend bereits zu Beginn der Beikost. Allerdings empfiehlt es sich aus diesem Grund, eher milde und süße Sorten zu bevorzugen wie Jonagold, Elstar oder reifen Boskop – anfangs geschält, ab dem achten Lebensmonat dann mit Schale, weil sich unmittelbar darunter die meisten wertvollen Inhaltsstoffe befinden. Mit Äpfeln lässt sich auch die Verdauung beeinflussen: Gekocht wirken sie stuhlauflockernd, roh gerieben eher stuhlfestigend.

Aprikose

➔ Vorsicht: Entfernen Sie immer den Kern der Aprikose, denn der enthält giftige Blausäure!

Dieses in der Babyernährung zu Recht ausgesprochen beliebte Obst enthält nicht nur wertvolle Carotinoide und Eisen, sondern eignet sich aufgrund seiner weichen Konsistenz sehr gut für Kleinkinder, weil man es ihnen problemlos roh und mit Schale geben kann. Auch in getrockneter Form können Sie Aprikosen verwenden, da sie bei Verstopfung helfen. Allerdings sollten Sie wegen des hohen Zuckergehalts den Verbrauch von Trockenfrüchten auf ein bis zwei Stück am Tag beschränken und überdies in jedem Fall auf einwandfreie und ungeschwefelte Ware achten.

Banane

Roh zerdrückt oder in mundgerechte Stückchen geschnitten, sind Bananen aufgrund des sehr süßen Geschmacks und der weichen Konsistenz bei Babys sehr beliebt – vor allem bei jenen, die noch an die natürliche Süße der Muttermilch gewöhnt sind. Trotzdem sollten Sie dieses ausgesprochen zuckerhaltige Obst mit weniger süßen Sorten vermischen. Bananen eignen sich besonders, wenn der Stuhl zu weich ist, denn sie haben eine leicht festigende Wirkung. Schneiden Sie beim Schälen immer etwa einen Zentimeter am Stielende weg, weil sich dort eventuelle Pestizide vermehrt ansammeln.

Beeren

➔ Nebenbei können Sie ab einem gewissen Alter Ihr Kleinkind die Früchte selbst vom Strauch pflücken lassen, sofern Sie diese Möglichkeit haben. Das macht Spaß und ist zudem ein interessanter Lernprozess für Ihr Kleines.

Auch Beerenfrüchte aller Art sind sehr beliebt in der Beikost – gerade bei Kindern, die sie schon im Ganzen essen können, was etwa ab dem achten Monat der Fall ist. Vorher werden sie gekocht und beigemischt. Einige Sorten enthalten besonders viel Eisen und stellen deswegen in der vegetarischen Beikosternährung einen wesentlichen Faktor dar.

Brombeeren sind zwar reich an Carotinoiden und Eisen, doch ist der eher säuerliche Geschmack für ein Baby problematisch, weshalb sich eine Kombination mit anderen Früchten wie Apfel, Banane oder Birne empfiehlt.

Erdbeeren, die viel Eisen und Vitamin C enthalten, erfreuen sich größter Beliebtheit, lösen jedoch manchmal Unverträglichkeitsreaktionen der Haut aus wie Ausschlag oder wunden Po.

Heidelbeeren enthalten viele sekundäre Pflanzenstoffe und Vitamin E und sind aufgrund ihrer leicht stuhlfestigenden Wirkung ein erprobtes Hausmittel bei Durchfällen. Sie lassen sich gut mit Apfel, Birne oder anderen Beerenfrüchten kombinieren.

Himbeeren sind reich an Eisen und Folsäure und überdies sehr gut verträglich. Wenn Sie die Früchte selbst pflücken, sollten Sie sorgfältig nach Würmern Ausschau halten und diese entfernen, bevor Sie die Früchte Ihrem Kind hinstellen.

Johannisbeeren, besonders die schwarzen, sind sehr eisenhaltig und reich an Vitamin E, schmecken allerdings recht säuerlich und eignen sich daher eher für Früchtekombinationen als solo. Ein Problem stellen die Kerne dar, an denen sich ein Baby leicht verschlucken kann. Deshalb ist es ratsam, sie durch ein feines Sieb zu streichen und als Mus zu geben.

Birne

Bei diesem beliebten Beikostobst ist es wichtig, reife Früchte zu verwenden. Anfangs bekommt das Baby sie geschält, ab dem achten Lebensmonat mit Schale, weil sich auch hier, wie beim Apfel, darunter die meisten wertvollen Inhaltsstoffe finden. Rohe Birnen können bisweilen zu wundem Po und zu Blähungen führen. Dann wählen Sie lieber die gekochte Variante, die überdies stuhlauflockernd wirkt.

Feige

Rohe und getrocknete Feigen schmecken sehr süß, sind leicht stuhlauflockernd und enthalten wertvolles Eisen. Sie können mit oder ohne Schale gegessen werden. Für getrocknete Feigen gilt dasselbe wie für anderes Trockenobst: Sie sollten ungeschwefelt sein und aufgrund des hohen Zuckergehalts nur in kleinen Mengen, maximal ein Stück pro Mahlzeit, gegeben werden.

Kirsche

Dieses zweifellos sehr beliebte heimische Sommerobst zeichnet sich durch einen besonders hohen Gehalt an Folsäure aus. Wenn Sie Ihrem Kind rohe Kirschen geben, müssen Sie natürlich zuvor die Steine entfernen.

Melone

Wasser- und Honig- oder Zuckermelonen werden geschält und roh gegessen. Weil sie viel Wasser enthalten, eignen sie sich hervorragend als Durstlöscher an heißen Sommertagen. Die süßere Honigmelone enthält besonders viele Carotinoide. Wichtig ist auch hier, dass Sie vor dem Verzehr alle Kerne entfernen.

Pfirsich Reife Früchte sind nicht nur weich und aromatisch süß, sondern wegen der vielen schützenden Carotinoide zudem gesund. Ab dem achten Lebensmonat kann Ihr Kind sie mit Schale essen. Falls diese sehr rau und pelzig sein sollte, überbrühen Sie die Frucht kurz mit kochendem Wasser, und ziehen Sie die Schale mit einem scharfen Messer ab. Und vergessen Sie nicht, den Kern zu entfernen!

Pflaume Frische Früchte, sofern sie weich und saftig sind, können auch roh gegeben werden. Generell wirken Pflaumen leicht stuhlauflockernd. Getrocknete Pflaumen müssen ungeschwefelt und ohne Konservierungsstoffe sein und sollten aufgrund des hohen Zuckergehalts nur in kleinen Mengen verwendet werden. Entfernen Sie vor dem Verzehr unbedingt den Kern!

Südfrüchte Ananas, Kiwi, Mango und andere Südfrüchte sind im ersten Lebensjahr nicht zu empfehlen, weil sie häufig zu viel Säure enthalten und Unverträglichkeiten oder Allergien hervorrufen können.

Gemüse

Blumenkohl Es ist sicher nicht übertrieben zu behaupten, dass dieses Gemüse auf der Beliebtheitsskala kleiner Esser ganz vorne rangiert. Das liegt zum einem an seinem milden Geschmack, zum anderen aber auch daran, dass die weich gekochten Röschen für ältere Babys ein beliebtes Fingerfood darstellen. Ihr hübsches Aussehen ist ein zusätzlicher Vorteil, denn schließlich isst das Auge ja mit. Auch bei Einjährigen! Blumenkohl ist sehr gut verträglich und führt nicht zu Blähungen.

Bohne Die Gartenbohne ist nicht nur ein schmackhaftes Sommergemüse, sondern ein gesundes dazu. Sie enthält viele wichtige Mineralstoffe wie Kalzium und Magnesium und regt durch ihre Fasern die Verdauung an. Falls Ihr Baby den faserigen Bohnenbrei ablehnt, streichen Sie ihn einfach durch ein feinmaschiges Sieb.

Brokkoli Dieser Tausendsassa unter den Gemüsesorten ist reich an Kalzium, Eisen, Folsäure, Vitamin C und enthält zudem sehr viele sekundäre Pflanzenstoffe.

Erbse Die Hülsenfrüchte sind unbestritten eines der nahrhaftesten und wertvollsten Beikostgemüse. Ob als cremiger Erbsenbrei oder als Fingerfood zum Trainieren des Pinzettengriffs – fast alle Kinder lieben die süß schmeckenden Erbsen! Für vegetarisch ernährte Babys haben Erbsen eine wichtige Funktion als Lieferant von Eisen und Zink, das sie beides in hohem Maße enthalten.

Fenchel Das faserige Gemüse wirkt aufgrund des in ihm enthaltenen ätherischen Öls leicht entkrampfend und dient der Vorbeugung von Blähungen ebenso wie der Anregung der Verdauung. Allerdings schwankt sein Nitratgehalt, weshalb Sie Fenchel nach Möglichkeit nur in Bioqualität und zur Saison von Juni bis Oktober kaufen sollten. Entfernen Sie den Strunk immer großzügig, denn dort sammelt sich das meiste Nitrat (s. Seite 14) an.

Gurke Besonders zahnende Kinder lieben es, wenn Sie ihnen dieses erfrischende, wasserhaltige Gemüse zum Knabbern geben. Schälen Sie die Gurke, und schneiden Sie sie in 2 bis 3 Millimeter dicke Scheiben.

Karotte Wegen ihres leicht süßen Geschmacks sind die an Vitamin A reichen Karotten oder Möhren, wie sie auch genannt werden, nach wie vor zumeist das erste Gemüse, mit dem ein Baby Bekanntschaft schließt. Sie können jedoch einen harten Stuhl begünstigen. In diesem Fall sollten Sie zuerst mit einer anderen Gemüsesorte beginnen oder eine Karotte mit Pastinake oder etwas Apfel oder Birne mischen. Wegen der oftmals bestehenden Nitratbelastung (s. Seite 14) sollte man Biogemüse den Vorzug geben.

Kohlrabi Dieses leicht süß schmeckende, sehr mineralstoffreiche Gemüse ist in der Regel sehr gut verträglich, da es nicht blähend wirkt. Ältere Babys knabbern gerne auf rohen Kohlrabistückchen herum. Große Kohlrabi sind oft holzig und schmecken muffig.

Kürbis Durch seine breiige Konsistenz und den milden, leicht süßen Geschmack gehört Kürbis zu den Favoriten vieler Babys und ist überdies gut verträglich. Er enthält reichlich Vitamin E sowie Carotinoide, zählt zu den nitratreicheren Gemüsesorten und wirkt stuhlfestigend.

Paprika Paprikaschoten gibt es in Rot, Gelb, Grün und Orange. Sie enthalten außerordentlich viel Vitamin C und Vitamin E, die rote und gelbe Paprika außerdem eine Menge Carotinoide. Da Paprika jedoch gleichzeitig zu den am häufigsten mit Pestiziden belasteten Gemüsesorten zählt, ist hier Bioware unbedingt empfehlenswert. Außerdem sollten Sie beachten, dass sie bei verdauungsempfindlichen Kindern zu Blähungen führen kann. Deshalb sollten Sie sie in den ersten zwei Jahren nicht roh geben.

Pastinake Ein Gemüse, das in Mode gekommen ist und sich in der Babyernährung wachsender Beliebtheit erfreut. Pastinaken schmecken süßwürzig und sind sehr gut verträglich, zudem reich an Eisen, Zink, Magnesium und Kalzium und im Gegensatz zu Karotten nitratarm. Pastinake wirkt nicht stopfend und lässt sich wunderbar mit anderen Gemüse- und Obstsorten kombinieren.

Rhabarber Entgegen der verbreiteten Meinung gehört Rhabarber nicht zum Obst, sondern ist ein Frühsommergemüse. Wenngleich sehr beliebt, ist er doch mit Vorsicht und nur in Maßen zu genießen, weil er aufgrund seines hohen Oxalsäuregehalts die Aufnahme von Kalzium und Eisen blockiert. Als Empfehlung gilt: Rhabarber sollte während der Saison maximal einmal wöchentlich und nur in kleinen Mengen auf Babys Tisch.

Rote Bete Die stark rot färbende Knolle enthält sehr viel Eisen, was sie besonders bei einer fleischarmen Ernährung wertvoll macht. Allerdings weist dieses Wintergemüse häufig hohe Nitratwerte (s. Seite 14) auf, sodass auch hier unbedingt zu Bioware geraten werden muss. Vermeiden Sie außerdem langes Warmhalten oder Wiederaufwärmen von Rote-Bete-Brei. Und erschrecken Sie nicht, wenn Sie plötzlich beim Wickeln Rot sehen, denn Rote Bete haben eine stark färbende Wirkung.

Spargel Spargel, den es frisch nur kurze Zeit von April bis Juni gibt, enthält viel Vitamin E und wirkt leicht harntreibend – sein Geruch ist noch beim Windelwechsel wahrzunehmen. Grüner Spargel ist besonders zart und reich an Vitaminen.

Spinat Das beliebte grüne Blattgemüse ist gut verträglich und wirkt leicht verdauungsfördernd. Es ist sehr reich an Eisen, Kalzium, Magnesium, Carotinoiden, Vitamin E und Vitamin C, enthält jedoch auch Oxalsäure, welche die Mineralstoffaufnahme vermindern kann. Verwenden Sie wegen des oft hohen Nitratgehalts (s. Seite 14) am besten jungen Spinat aus Freilandhaltung, und vermeiden Sie außerdem langes Warmhalten oder Wiederaufwärmen.

Tomate Die schönen roten Paradeiser, wie sie in Österreich heißen, sind eines der meistgegessenen Gemüse überhaupt. Beim Erhitzen wird das zellschützende Lycopin gebildet. Roh sollte man sie Kindern nicht vor dem vollendeten ersten Lebensjahr geben, da sie so zu Unverträglichkeiten führen können.

Zucchini Ab Mitte Juni bis Ende September gibt es auch in Deutschland frische Zucchini, die sich mit ihrem milden Geschmack und dem hohen Flüssigkeitsgehalt mittlerweile zu einem beliebten Babygemüse gemausert hat. Verzichten Sie aber auf Treibhausprodukte, die sehr nitratreich (s. Seite 14) sein können.

Getreide und Kartoffeln

Nicht weniger wichtig als Obst und Gemüse sind für eine gesunde Entwicklung Ihres Kindes die Energiespender, denn sie liefern viele Kohlenhydrate, die dann im Körper zum »Zelltreibstoff« Zucker umgewandelt werden. Und weil gerade Babys einen sehr hohen Energiebedarf haben, dürfen sie in keinem Brei fehlen, wobei Vollkorngetreide zusätzlich viele wichtige Mineralstoffe und B-Vitamine enthält. Doch auch wenn es eigentlich gesund ist: Im ersten Lebensjahr kann Ihr Kind noch kein rohes Getreide verdauen, und deshalb müssen Sie spezielle Instantflocken verwenden oder das Getreide selbst kochen beziehungsweise backen.

Des Weiteren ist zu beachten, dass es beim Getreide glutenhaltige und glutenfreie Sorten gibt. Denn Gluten, ein Klebereiweiß, kann bei entsprechender Veranlagung zu einer Unverträglichkeit, der Zöliakie, führen. Näheres dazu finden Sie im Kapitel Unverträglichkeiten und Allergien, Seite 17 ff. Leidet Ihr Kind an einer diagnostizierten Zöliakie, müssen Sie sich an die glutenfreien Getreide halten: Reis, Mais, Hirse, Buchweizen, Amaranth, Quinoa.

Die gängigsten Sorten für die Babyernährung sind folgende:

Dinkel Ein sehr nahrhaftes und gut verträgliches Getreide, das wertvolle Fettsäuren und reichlich Mineralstoffe enthält. Dinkelmehl eignet sich vor allem zum Backen, Dinkelgrieß für feine Milchspeisen. Grünkern ist halb reif geernteter Dinkel und wird gerne für herzhafte Gerichte wie Suppen, Aufläufe oder Bratlinge verwendet.

Hafer Dieses wohl beliebteste Getreide in der Kinderernährung enthält mit die meisten Mineralstoffe und Fettsäuren. Sein besonders hoher Eisengehalt macht ihn ausgesprochen wichtig, falls ein Kleinkind vegetarisch ernährt wird. Hafer wird üblicherweise als Instantpulver oder Getreideflocke verwendet.

Hirse

Aufgrund des hohen Eisengehalts wird Hirse gerne als Fleischersatz im Gemüsebrei verwendet. Da sich in den Randschichten dieses Getreides Gerbstoffe befinden, kommt es üblicherweise in geschälter Form in den Handel. Hirsekörner sollten vor der Verarbeitung gewaschen und mit heißem Wasser überbrüht werden, um die restlichen Gerbstoffe weitestgehend zu entfernen. Braunhirse jedoch ist für die Ernährung von Säuglingen und Kindern nicht geeignet.

Kartoffel

➔ **Unreife Knollen oder solche mit grünen Stellen und Keimen enthalten giftiges Solanin und dürfen für den Babybrei nicht verwendel werden.**

Die stärkehaltige Knolle, die wie kaum ein anderes Gemüse einen Siegeszug in Europa erlebte, gehört fraglos zu den beliebtesten Sattmachern. Sie weist einen relativ hohen Anteil an Vitamin C auf, das jedoch beim Kochen in Wasser großenteils verloren geht. Da gekochte Kartoffeln beim Pürieren gerne kleistern und dann häufig abgelehnt werden, sollten sie nur mit einer Gabel gut zerdrückt und bald gefüttert werden.

Mais/ Kukuruz

In vielen Ländern ein Grundnahrungsmittel, spielt hierzulande hauptsächlich der Maisgrieß für die Babyernährung eine Rolle, weil er zur Zubereitung der Polenta verwendet wird. Mais enthält viel Vitamin E.

Reis

Dieses beliebte und äußerst gut verträgliche Getreide gibt es in verschiedenen Formen. Besonders vitamin- und mineralstoffreich ist der ungeschälte Naturreis, der allerdings lange garen muss. Der rundkörnige Risottoreis wird beim Kochen besonders cremig und eignet sich ebenfalls für süßen Milchreis. Reismehl findet in der Babykost Verwendung als Bindemittel.

Weizen

Ein Getreide, das aus der Babyernährung nicht wegzudenken ist. Es kommt vor als Grieß für den Brei, als Mehl zum Backen und Kochen oder in Form von Teigwaren. Eine Variante des Hartweizengrießes ist Couscous, kleine Körnchen aus Mehl und Grieß, die durch Dampfen weich gegart werden – jedoch kann Couscous auch aus Hirse oder Gerste hergestellt werden. Bulgur ist eine weitere Hartweizen-Spezialität, die es in verschiedenen Körnungsgrößen gibt und die sich ebenso schnell und einfach zubereiten lässt. Beide sind besonders für die ersten stückigeren Breie recht beliebt.

Butter und Pflanzenöle

Bedenkt man, welch rasante Wachstumsphasen ein Baby gerade im ersten Lebensjahr durchläuft, dann kann man sich eine Vorstellung von seinem Energiebedarf machen. Dazu gehört nicht zuletzt ein hoher Anteil an Fetten. Konkret bedeutet dies, dass Beikostkinder im Alter zwischen vier und zwölf Monaten 35 bis 45 Prozent ihrer Energiemenge in Form von Fetten decken sollten. Sowohl Butter als auch Pflanzenöle enthalten ein breites Spektrum unterschiedlicher Fettsäuren, die alle eine wichtige Rolle bei der Entwicklung Ihres Kindes spielen, und zudem oft erhebliche Mengen fettlöslicher Vitamine, besonders Vitamin E. Investieren Sie mit einem guten Pflanzenöl in die Gesundheit Ihres Babys.

Butter

Das aus Kuhmilch gewonnene Fett hat einen süßen Geschmack und macht Breie besonders cremig. Butter enthält vorwiegend gesättigte Fettsäuren und reichlich Vitamin A, Vitamin D und Vitamin E. Meist gibt man einen Teelöffel Butter in den Obst-Getreide-Brei. Ungesalzen, versteht sich!

Pflanzenöle

Hier bestehen hinsichtlich der Fettsäurestruktur große qualitative und quantitative Unterschiede, denn jedes pflanzliche Öl hat seine ganz eigene Zusammensetzung aus verschiedenen gesättigten und einfach sowie mehrfach ungesättigten Fettsäuren.

Häufig wird für die Beikost die Verwendung raffinierter Öle empfohlen, um möglichen Pestizidrückständen im Öl zu entgehen. Sinnvoller ist es jedoch, Pflanzenölen aus biologischer Erzeugung den Vorzug zu geben, die auf eventuelle Rückstände kontrolliert werden. Bei der Raffination nämlich werden nicht nur schädliche Rückstände entfernt, sondern auch wertvolle ungesättigte Fettsäuren zerstört, und es können veränderte Fettsäurestrukturen entstehen, die unter Umständen gesundheitsschädlich sind.

Wenn Sie kalt gepresste, native Öle in Bioqualität verwenden, haben Sie ein Höchstmaß an Sicherheit, Ihrem Kind ein unbelastetes Öl mit vielen wertvollen, lebensnotwendigen Fettsäuren zukommen zu lassen. Empfehlenswert ist es, zwei oder drei Öle in guter Qualität zu kaufen und diese im Wechsel mit Butter zu verwenden. Nehmen Sie beispielsweise Rapsöl oder Olivenöl für den Gemüsebrei, und geben Sie in den Obstbrei abwechselnd Walnuss- oder Leinöl beziehungsweise Butter.

➔ Generell zu warnen ist vor Ölen aus Plastikflaschen, denn darin können sich problematische Weichmacher befinden. Aber auch Glas ist nicht gleich Glas. Greifen Sie ausschließlich zu braunen oder dunkelgrünen Flaschen, weil nur diese das Öl vor Sonnenlicht und damit vor frühzeitigem Verderben schützen. Außerdem müssen alle kalt gepressten, nativen Öle hitzegeschützt, bei konstanter Raumtemperatur gelagert und rasch verbraucht werden.

Hanfsamenöl, Nachtkerzenöl Diese beiden Öle enthalten viel Gamma-Linolensäure, die auch in der Muttermilch vorkommt. In Mischung mit anderen Pflanzenölen oder kurmäßig ein Teelöffel pro Tag wirken sie oft Wunder bei trockener und neurodermitischer Haut.

Leinöl Kaum ein Öl enthält so viele wertvolle und essentielle Omega-3-Fettsäuren wie das heimische Leinöl. Es ist eine wahre Gehirnnahrung und wirkt sich positiv bei entzündlichen Hauterkrankungen aus. Leinöl darf bei Babys jedoch nur sparsam dosiert werden – ein halber Teelöffel pro Tag genügt. Da Leinöl sehr schnell ranzig wird, muss es im Kühlschrank gelagert und nach Anbruch innerhalb von vier Wochen aufgebraucht werden.

Olivenöl Das typische Mittelmeerprodukt enthält neben viel Ölsäure wertvolle Fettbegleitstoffe und schmeckt lecker zu herzhaften mediterranen Gerichten. Gönnen Sie sich und Ihrem Baby ein hochwertiges natives Olivenöl aus erster Kaltpressung.

Rapsöl In den letzten Jahren konnte dieses heimische Öl ein erstaunliches Comeback feiern. Zu Recht, denn sein Fettsäuremuster mit viel einfach ungesättigter Ölsäure und den mehrfach ungesättigten Fettsäuren Linolsäure und Alpha-Linolensäure machen es zu einem sehr gesunden und ausgewogenen Fettlieferanten gerade auch in der Babyernährung.

Sonnenblumen-, Maiskeimöl Früher Klassiker in der Beikosternährung gehen die heutigen Empfehlungen dahin, sie in Mischungen mit linolensäurereicheren Ölen wie etwa Rapsöl oder Hanfsamenöl zu verwenden.

Walnuss-, Macadamianuss-, Haselnussöl Gerade bei Babys, die sich im unteren Bereich der Gewichtstabelle befinden und trotz Beikost nur langsam zunehmen, können die nährenden Nussöle häufig das Mittel der Wahl sein. Geben Sie täglich einen Teelöffel Nussöl in den kalten Obst-Getreide-Brei. Besonders das Öl der Walnuss ist ein guter Lieferant für lebensnotwendige Omega-3-Fettsäuren. Viele Kinder lieben zudem eine Massage mit den gut riechenden Nussölen.

Margarine Margarine aus Pflanzenölen ist für die Babybeikost nicht zu empfehlen, da bei der Härtung der Fette ungesunde Verbindungen, sogenannte Trans-Fettsäuren, entstehen können.

Fleisch und Geflügel

Generell fungieren Fleisch und Geflügel im Rahmen einer ausgewogenen Ernährung als hochwertige Eiweißlieferanten. Rotes Fleisch wie Kalb, Rind, Lamm oder Schwein enthält überdies viel gut verwertbares Eisen. Eine zu hohe Eiweißzufuhr im Säuglings- und Kleinkindalter hat sich jedoch als gesundheitlich problematisch erwiesen und scheint zudem die Ausprägung von Übergewicht zu fördern, sodass man inzwischen empfiehlt, die tägliche Fleischmenge für ein Baby auf 20 bis 30 Gramm zu beschränken. Aufgrund von immer wiederkehrenden Lebensmittelskandalen und dem Einsatz von Medikamenten in der Tierzucht lehnen viele Eltern Fleisch in der Beikost sogar gänzlich ab. Sinnvoll ist es auf jeden Fall, zu Biofleisch aus artgerechter Haltung zu greifen, denn die Lebensumstände und die Fütterung des Tieres spiegeln sich in seinem Fleisch wieder. Wenn Sie jedoch Bedenken haben, können Sie beruhigt im ersten Lebensjahr auf Fleisch verzichten, ohne dass Mangelerscheinungen auftreten. Zumindest nicht, sofern Sie ansonsten auf eine ausgewogene Ernährung achten.

Kalb Das fettarme, zartrote Fleisch weniger Wochen bis acht Monate alter Rinder ist besonders beliebt für die ersten fleischhaltigen Breie.

Lamm Das Fleisch von jungen Schafen ist ernährungsphysiologisch besonders wertvoll, da es einen hohen Gehalt an Vitaminen und Mineralstoffen aufweist.

Rind Enthält sehr viel Eisen und Zink. Bevorzugen Sie magere Filetstücke, die auch schnell gegart sind und zart bleiben.

Schwein Achten Sie auch hier auf magere Stücke. Da in der Schweinemast häufig Medikamente und tiermehlhaltige Futtermittel eingesetzt werden, empfiehlt es sich besonders, Biofleisch den Vorzug zu geben.

Pute, Hühnchen Geflügelfleisch ist besonders fett- und kalorienarm. Der Nachteil ist, dass Geflügel häufig durch Rückstände von Antibiotika belastet ist. Ein Grund mehr also, auch hier zu Bioqualität zu greifen.

Fisch

Auch wenn es manchem ungewohnt scheint, hat es sich bewährt, im ersten Lebensjahr Fisch, der viel Eiweiß und essentielle Fettsäuren enthält, in die Babyernährung einzubauen, denn das scheint sich positiv auf die Vermeidung von allergischen Erkrankungen auszuwirken. Achten Sie jedoch auf nachhaltigen Fischfang mit dem MSC-Siegel oder auf biologische Aquakultur.

Meiden sollten Sie aber auf jeden Fall langlebige Raubfische wie Thunfisch, Aal, Schwertfisch, Heilbutt, Hecht, Seeteufel und Steinbeißer, denn diese Arten können mit Schwermetallen belastet sein und sind deshalb nicht für die Ernährung von Säuglingen und Kleinkindern geeignet. Besonders zwei Fische sind hingegen zu empfehlen:

Lachs Dieser zartrosafarbene Fisch enthält viele essentielle Fettsäuren, besonders Omega 3 (DHA), die für den Zellaufbau, das Gehirn und die Sehfunktion von entscheidender Bedeutung sind. DHA ist auch in der Muttermilch enthalten, was allein ihre Bedeutung für den Säugling widerspiegelt. Außerdem ist der Lachs ein wichtiger Lieferant von Vitamin D, das maßgeblich den Knochenaufbau beeinflusst.

Seelachs Das weiße, fettarme Fleisch enthält besonders viel Jod, das wichtig für die Entwicklung Ihres Babys ist.

Hühnerei

Reich an Eiweiß, Eisen und fettlöslichen Vitaminen empfiehlt es sich besonders bei fleischarmer oder fleischfreier Babyernährung. Geben Sie also gelegentlich ein Eigelb in den Brei. Auf die Verwendung von Eiweiß sollte allerdings wegen einer eventuell zu hohen Eiweißzufuhr lieber ganz oder weitestgehend verzichtet werden. Da auch in Hühnereiern immer wieder schädliche Rückstände festgestellt werden, gilt hier, die Priorität auf Bioqualität zu setzen. Garen Sie zudem die Eier gründlich durch, damit krank machende Erreger wie etwa Salmonellen keine Chance haben.

Milchprodukte

Kuhmilch Entgegen früheren Empfehlungen geht man heute davon aus, dass sie ab dem sechsten Monat regelmäßiger Bestandteil der Beikost sein darf und soll. Milch enthält nämlich viel knochenaufbauendes Kalzium und wertvolle fettlösliche Vitamine. Biologisch erzeugte Milch ist überdies besonders reich an essentiellen Fettsäuren. Trotzdem sollte auch hier Maß gehalten werden: Bis zum ersten Lebensjahr empfiehlt man eine Obergrenze von 200 Millilitern am Tag, die sukzessive gesteigert im Milch-Getreide-Brei verarbeitet wird.

Schafmilch, Ziegenmilch, Stutenmilch

Alle drei Alternativen lassen sich für die Zubereitung des Breies verwenden, sind jedoch kein Ersatz für Muttermilch! Da sich die Eiweißstrukturen der Tiermilcharten sehr ähneln, sind sie auch bei einer nachgewiesenen Kuhmilchallergie nicht zu empfehlen. Sprechen Sie bei Bedarf mit Ihrem Kinderarzt.

In 100 g	Energie	Milchzucker	Fett	Eiweiß
Reife Muttermilch	69 kcal	7,00 g	4,50 g	1,10 g
Kuhmilch	65 kcal	4,70 g	3,60 g	3,30 g
Schafmilch	97 kcal	4,70 g	6,30 g	5,30 g
Ziegenmilch	67 kcal	4,20 g	3,90 g	3,70 g
Stutenmilch	43 kcal	5,90 g	1,50 g	1,69 g

Joghurt, Quark

Beide Produkte werden durch Zugabe von Milchsäurebakterien aus Milch hergestellt. Quark ist sehr eiweißreich und daher im ersten Lebensjahr nicht geeignet. Ungesüßter Naturjoghurt dagegen kann ab dem zehnten Monat in kleinen Mengen, etwa 50 Gramm pro Tag, anstelle von Milch gegeben werden. Vorsicht aber mit sogenannten »Kinderprodukten«. Diese von der Werbung hochgejubelten Erzeugnisse enthalten meist sehr viel Zucker und Fett und sind für eine ausgewogene, gesunde Ernährung ungeeignet.

aid-Saisonkalender

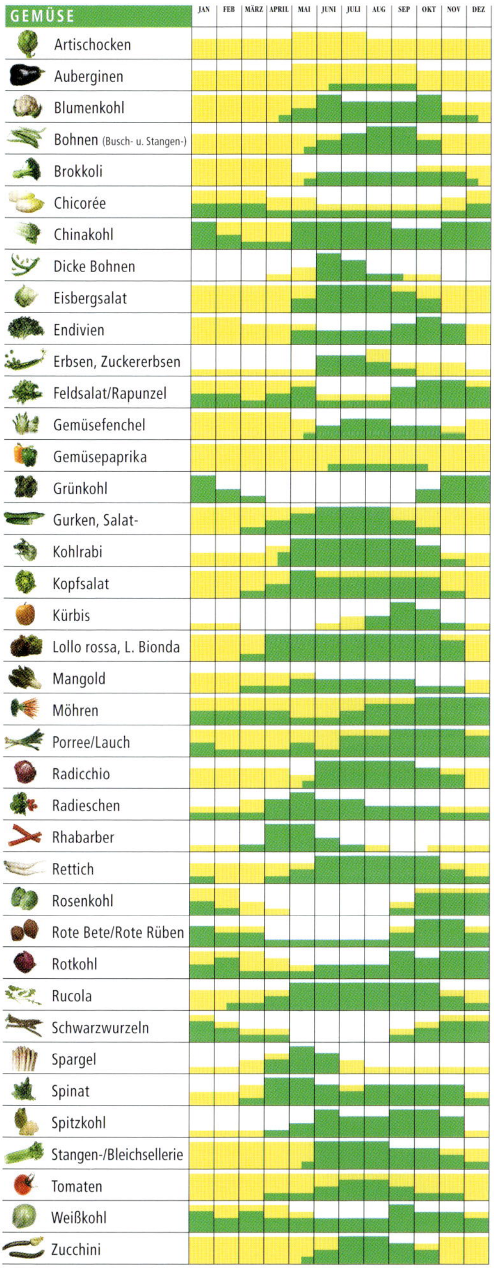

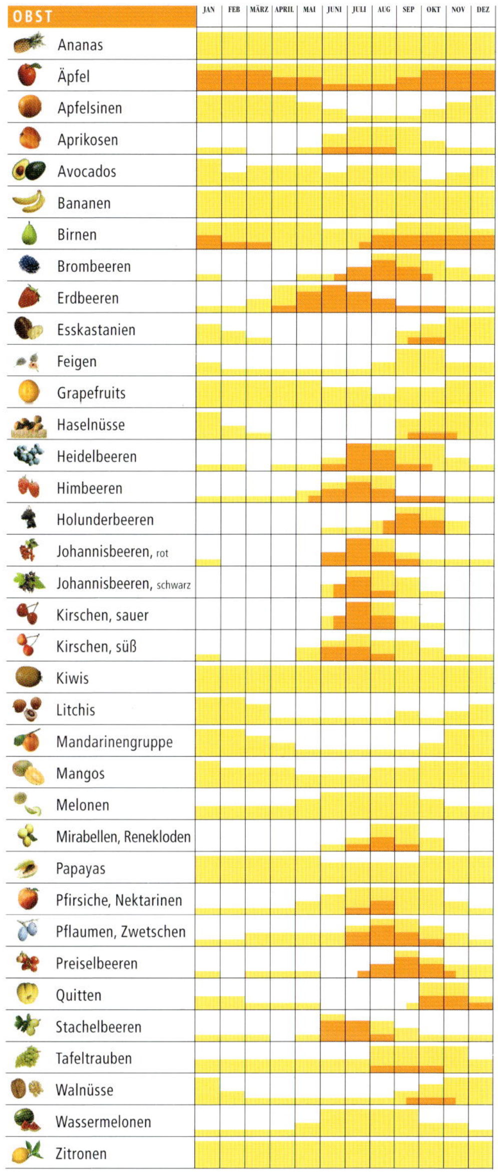

Monate mit geringen Importen — Monate mit starken Importen — Monate mit Angebot aus heimischem Anbau

Die ersten drei Mahlzeiten Schritt für Schritt

Der Gemüsebrei

Zwar werden meist als Erstes Karotten empfohlen, doch zeigt die Erfahrung, dass viele Babys dieses Gemüse entweder ablehnen oder davon leicht einen sehr festen Stuhl bekommen.

Aus meiner Sicht würde ich hier allerdings zwischen Gläschenkost und frisch zubereiteten Karotten unterscheiden. In der Tat mögen viele Kinder Karotten aus dem Glas gar nicht und reagieren mit allzu fester Verdauung. Aber dünstet man frische Karotten, nach Belieben mit etwas Birne oder getrockneter Aprikose, dann essen sie diesen Brei in der Regel mit Freude, und die Obstzugabe sorgt überdies für einen weichen Stuhlgang.

Alternativ zu Karotten bieten sich milde Gemüsesorten wie Zucchini, Kürbis oder Pastinaken an. Nach fünf bis sieben Tagen sollten Sie dem reinen Gemüsebrei zur Versorgung mit essentiellen Fettsäuren hochwertiges, natives Pflanzenöl beimischen, wobei auf 100 Gramm Brei ein Teelöffel Öl kommt. Besonders gut geeignet sind Rapsöl oder Mischungen aus Raps-, Sonnenblumen- oder Maiskeimöl, kombiniert mit Hanfsamenöl. Alle diese Öle enthalten die verschiedenen wichtigen Fettsäuren, die ein Kind für eine gesunde Entwicklung benötigt. Falls Sie bei Ihrem Baby häufig eine trockene Haut oder gar leichte Ekzeme feststellen, geben Sie einmal täglich einen halben Teelöffel kalt gepresstes Nachtkerzenöl hinzu. Von Walnuss- oder Macadamiaöl, die man ebenfalls teelöffelweise gelegentlich unter den Brei rühren kann, profitieren vor allem Kinder, die sich eher im unteren Bereich der Gewichtskurve bewegen. Beachten Sie aber, dass sämtliche ungesättigten Öle sehr hitzeempfindlich sind und deshalb erst in den abgekühlten Brei gemischt werden dürfen.

→ Die beliebtesten Beikost-Starter: Karotte, Zucchini, Kürbis und Pastinake.

Der Gemüse-Kartoffel/Getreide-Brei

Nach wiederum einer Woche folgt dann der nächste Schritt: Zur besseren Sättigung reichern Sie den Gemüsebrei mit Kartoffeln oder Getreide an.

Die Kartoffeln kochen Sie separat und zerdrücken sie sorgfältig mit der Gabel. Das ist besser als Pürieren, weil sie dabei gerne auskleistern und der Brei zäh und unangenehm klebrig wird. Praktisch ist es auch, die Kartoffel – wenn es sich gerade anbietet – halbiert im ungesalzenen Nudel- oder Reiswasser zu kochen, das man für die Familienmahlzeit aufgesetzt hat.

Getreideflocken, die viele wertvolle Mineralstoffe enthalten und darüber hinaus sättigend und leicht verdaulich sind, müssen je nach Sorte einige Zeit vorquellen und kochen, damit das Getreidekorn

Instantflocken sind anfangs eine gute Wahl. Es gibt sie von verschiedenen Getreidesorten, und besonders in der vegetarischen Beikosternährung sind sie wichtige Eisenlieferanten.

ausreichend aufgeschlossen wird. Wer sich diese Mühe sparen will, kann auf Instantflocken zurückgreifen, die es im Handel gibt. Sie sind schonend aufgeschlossen und deshalb besonders gut verdaulich und müssen zudem nicht mehr gekocht, sondern nur noch in den heißen Brei beziehungsweise in heißes Wasser eingerührt werden. Für die ersten Beikostmonate sind diese Flocken oft eine gute Wahl – besonders wenn Sie Ihr Kind fleischfrei ernähren möchten. Dann empfiehlt es sich nämlich, anstelle von Kartoffeln eisenreiches Getreide wie Hirse oder Haferflocken zu wählen (Informationen zur vegetarischen Ernährung von Säuglingen finden Sie auf Seite 46/47). Ab dem neunten Lebensmonat können auch weich gekochte Nudeln oder Reis dem Brei zugefügt werden, zumal deren festere Konsistenz die Mundmotorik fördert und das Essen von unpürierten Lebensmitteln trainiert.

Generell eine wichtige Zutat sind Vitamin-C-haltige Obstsäfte (Orange, Apfel mit Vitamin-C-Zusatz), die das Eisen in der Nahrung für das Baby besser verwertbar machen. Deshalb sollten Sie unter jeden Brei zuletzt noch ein oder zwei Esslöffel Saft rühren, vorzugsweise frisch gepressten, weil dann die wertvollen Inhaltsstoffe gänzlich enthalten bleiben. Die meisten im Handel befindlichen Säfte sind aus mit Wasser verdünnten Konzentraten hergestellt und zur Haltbarmachung pasteurisiert, wodurch viele Inhaltsstoffe verloren gehen. Am einfachsten ist es, eine frische Orange aufzuschneiden und den Saft direkt in den Brei zu pressen. Der Rest kommt dann Ihnen zugute! Ab dem achten Monat darf es statt Saft auch ein Schnitz fein geriebenes rohes Obst wie Apfel, Birne, Aprikose oder Pflaume sein.

Gebenm Sie Ihrem Baby naturbelassenen Direktsaft, oder pressen Sie die Früchte frisch aus. Keinesfalls geeignet sind Multivitamin- oder ACE-Säfte.

Nicht geeignet fürs Baby sind Multivitamin- oder ACE-Säfte, da deren Vitamingehalt unausgewogen und viel zu hoch für einen Säugling ist. Vitamine, die überdosiert werden, können nämlich zu Nebenwirkungen und gesundheitlichen Beeinträchtigungen führen. Vitamin C beispielsweise, das im Prinzip unsere Abwehrkräfte stärkt, als Antioxidans gegen gefährliche Radikale wirkt, unsere Zellen schützt und die Aufnahme von wertvollem Eisen verbessert, kann bei zu hoher Dosierung die Ausscheidungsorgane des Säuglings belasten und die Entstehung von Nierensteinen begünstigen. Außerdem reagieren Babys gelegentlich mit Hautreaktionen und Wundsein darauf.

Fleisch- oder fischhaltiger Brei

Weitere zwei bis vier Wochen später, jedoch frühestens mit sechs Monaten mischen Sie dem Brei – egal ob Gemüse mit Kartoffeln oder mit Getreide – nun zwei- bis dreimal pro Woche Fleisch bei, das nach dem Dünsten fein püriert wird.

Besonders eisenreich ist rotes Fleisch wie Kalb, Rind oder Lamm. Geflügel wie Hühnchen oder Pute hingegen ist besonders leicht verdaulich und wird deshalb gerne im Wechsel gegeben. Oder Sie ersetzen das Fleisch gelegentlich durch etwas Ei, das insgesamt durchgekocht sein muss. Eier enthalten neben wertvollen Vitaminen und Mineralstoffen nämlich äußerst gut verfügbares Eiweiß.

Empfehlenswert sind außerdem Fleisch-Gemüse-Brühen, die Sie sogar als Grundlage für ein Familienessen zubereiten können (siehe Rezept Kalbstafelspitz mit Kartoffelpüree und Karottengemüse, Seite 69). Rühren Sie von der fertigen Brühe einfach ein paar Esslöffel ohne Fettaugen in den Brei. Wichtig ist nur, dass Sie die Brühe erst salzen, nachdem der Anteil für das Baby entnommen wurde.

→ Ab dem zweiten Beikostmonat können Sie mit den Zutaten des fleischhaltigen Gemüsebreis variieren und neue Sorten und Rezepte ausprobieren. Lassen Sie Ihr Kind die Vielfalt des Nahrungsmittelangebots erleben.

Auch Fisch darf hin und wieder auf dem Speiseplan stehen. Seefisch etwa liefert wichtiges Jod, und fetter Fisch wie Lachs enthält wertvolle Omega-3-Fettsäuren, die für das Gehirn einen essentiellen Baustein darstellen. Sie sollten aber beim Fischeinkauf unbedingt auf optimale Qualität achten – mehr dazu finden Sie auf Seite 35.

Salz, Gewürze oder Kräuter sind überflüssig, zumal sie die kindlichen Nieren belasten oder zu Unverträglichkeiten führen können.

Selbstverständlich können und sollen Sie im Laufe der Beikostzeit mehr und mehr experimentieren, wie Sie Gemüse-, Getreide- und Fleischsorten miteinander zu einem Gericht verbinden, das Ihrem Kind schmeckt. Verschiedene Rezepte für diese erweiterten Breie mit Fleisch und Fisch finden Sie ab Seite 68. Aber führen Sie nicht gleichzeitig mehr als eine Neuerung ein, sondern warten Sie jeweils mindestens drei Tage bis zum nächsten Test. So lassen sich eventuelle Reaktionen und Unverträglichkeiten auf neue Nahrungsmittel eindeutig erkennen.

Ab dem neunten Monat gibt es für Sie eine Erleichterung: Sie müssen das Gemüse nicht mehr pürieren. Es reicht jetzt, wenn Sie es mit der Gabel zerdrücken und ein paar kleine, weiche Stückchen im Brei lassen, damit Ihr Baby lernt, die Nahrung am Gaumen zu zerdrücken.

Grundrezepte

Gemüsebrei

100 g Karotten/Zucchini/ Kürbis/ Pastinaken | 1 TL Öl

1. Das Gemüse waschen, schälen und in kleine Stücke schneiden. Die Gemüsestückchen in 30 ml Wasser bei kleiner Hitze 10 Minuten weich kochen.
2. Das Gemüse samt Kochwasser mit dem Stabmixer fein pürieren und auf Esstemperatur abkühlen lassen.
3. Unmittelbar vor dem Essen das Öl unterrühren.

Gemüse-Kartoffel-Brei

100 g Gemüse nach Belieben | 1 kleine Kartoffel (50 g)
2 TL Öl | 1–2 EL Obstsaft (Apfel oder Orange), vorzugsweise frisch gepresst

1. Das Gemüse waschen, schälen und in kleine Stücke schneiden. Die Gemüsestückchen in 30 ml Wasser bei kleiner Hitze 10 Minuten weich kochen.
2. Das Gemüse samt Kochwasser mit dem Stabmixer fein pürieren und auf Esstemperatur abkühlen lassen.
3. Die Kartoffel mit Wasser bedeckt bei kleiner Hitze in 15–20 Minuten weich kochen (mit einem spitzen Messer hineinstechen und testen, ob sie schon weich ist).
4. Die Kartoffel schälen, mit einer Gabel fein zerdrücken und mit dem Gemüsebrei mischen.
5. Unmittelbar vor dem Essen Öl und Saft hinzufügen.

Gemüse-Getreide-Brei

100 g Gemüse | 15 g Instant-Getreideflocken | 2 TL Öl | 1–2 EL Obstsaft (Apfel oder Orange), vorzugsweise frisch gepresst

1. Das Gemüse waschen, schälen und in kleine Stücke schneiden. Die Gemüsestückchen in einem Topf in 100 ml Wasser bei kleiner Hitze 10 Minuten weich kochen.
2. Das Gemüse samt Kochwasser mit dem Stabmixer fein pürieren und auf ca. 50 °C abkühlen lassen.
3. Die Getreideflocken in den Brei einrühren, ausquellen und auf Esstemperatur abkühlen lassen.
4. Unmittelbar vor dem Essen Öl und Saft hinzufügen.

Gemüse-Kartoffel-Fleisch-Brei

100 g Gemüse | 20–30 g mageres Fleisch (Kalb, Rind, Lamm)
1 kleine Kartoffel (50 g) | 2 TL Öl
1–2 EL Obstsaft (Apfel oder Orange), vorzugsweise frisch gepresst

→ Als Alternative bietet sich an, statt der Kartoffel Getreideflocken zu verwenden. Sie brauchen dann aber entsprechend mehr Flüssigkeit.

→ Eine weitere Variante, jedoch erst ab dem achten Monat: Statt des Safts geben Sie als Vitamin-C-Lieferant ein rohes Stück fein geriebenes Obst wie Apfel, Birne, Aprikose oder Pflaume zu.

1. Das Gemüse waschen, schälen und in kleine Stücke schneiden. Das Fleisch in kleine Würfel schneiden, mit dem Gemüse in 30 ml Wasser bei kleiner Hitze 10 Minuten weich kochen.
2. Das Gemüse und das Fleisch samt Kochwasser mit dem Stabmixer fein pürieren und auf Esstemperatur abkühlen lassen.
3. Die Kartoffel mit Wasser bedeckt auf kleiner Stufe in 15–20 Minuten weich kochen (mit einem spitzen Messer hineinstechen und testen, ob sie schon weich ist).
4. Die Kartoffel schälen, mit einer Gabel fein zerdrücken und mit dem Gemüsebrei mischen.
5. Unmittelbar vor dem Essen das Öl und den Saft hinzufügen.

Der Gemüse-Kartoffel/ Getreide-Fleisch/Fisch-Brei

→Schritt 1: Gemüsebrei
Eine Gemüsesorte (Karotten/Pastinaken, Kürbis oder Zucchini), die Menge täglich steigern. Nach 5 bis 7 Tagen 1 TL Pflanzenöl dazugeben.

→Schritt 2: Gemüse-Kartoffel/ Getreide-Brei
Zu ca. 80–100 g Gemüse 1 kleine Pellkartoffel zerdrücken, 1–2 TL Pflanzenöl und 1–2 EL Saft hinzufügen. Wahlweise auch Getreideflocken.

→Schritt 3: Gemüse-Kartoffel/ Getreide-Fleisch/Fisch-Brei
In den fertigen Brei 20–30 g gedünstetes, püriertes Fleisch mischen oder öfter mal stattdessen gedünsteten, pürierten Fisch.
Nicht würzen!

Die vegetarische Säuglingsernährung

Viele Eltern stellen sich mit Beginn der Beikost-Einführung die Frage, ob sie ihrem Kind Fleisch und Fleischprodukte in der Nahrung anbieten möchten. Solche Überlegungen können nicht verwundern, hören wir doch allzu oft von Fleischskandalen, Tierseuchen oder Rückständen im Fleisch und zu hoher Belastung durch Pestizide, Antibiotika, Hormone und sogar von hochgefährlichen Schadstoffen wie Dioxin.

Zwar hat es sich eingebürgert, Säuglingen bereits im ersten Lebensjahr Fleisch zu geben, doch ob es zwingend notwendig ist, mag dahingestellt sein. Die Gesellschaft Anthroposophischer Ärzte in Deutschland etwa beantwortet diese Frage mit Nein und hält die Befürchtungen vieler Eltern, ihr Kind könne bei vegetarischer Kost nicht genügend Eisen bekommen, für unbegründet. Besonders gestillte Babys erhalten über die Muttermilch so viel gut verwertbares Eisen, dass Sorgen in der Regel überflüssig sind.

➜ Eisen: Der Tagesbedarf eines Säuglings zwischen vier und zwölf Monaten beträgt 8 Milligramm Eisen. In 100 Gramm Rindfleisch (Filet) sind 2,3 Milligramm enthalten, in 100 Gramm Hirse 6,7 und in 100 Gramm Haferflocken 5,4 Milligramm.

Allerdings sollten Sie bei vegetarischer Ernährung bei der Zubereitung der Breie auf eisenreiche Lebensmittel achten, vor allem bei der Auswahl des Getreides. Die Menge an Eisen, die die üblichen 20 bis 30 Gramm Fleisch liefern, lässt sich nämlich mit derselben Menge Getreide ebenso gut abdecken. Besonders empfehlenswert sind hier Hirse oder Hafer.

Wenngleich das Eisen aus tierischen Quellen besonders gut verfügbar ist, lässt sich durch die Zugabe von an Vitamin C reichem Saft oder Obst die Aufnahme auch aus pflanzlichen Nahrungsmitteln verbessern.

Ebenso können Sie durch Gemüse und Obst die Eisenversorgung beeinflussen: Grüne Erbsen, Rote Bete, Pastinaken, Blumenkohl, Brokkoli, Kürbis, Aprikosen und alle Beerenfrüchte, vor allem Himbeeren, zählen zu den eisenreicheren pflanzlichen Nahrungsmitteln. Außerdem: Wenn Ihr Kind eine rosige Gesichtsfarbe, also eine gut durchblutete Haut hat, wenn es aufgeweckt und interessiert wirkt, dann ist es mit sehr großer Wahrscheinlichkeit sowieso ausreichend mit Eisen versorgt.

Etwas anders verhält es sich, wenn Sie sämtliche tierischen Lebensmittel vom Speiseplan streichen und auch auf Milch, Milchprodukte und Eier verzichten möchten – Sie Ihr Kind also vegan ernähren wollen. Hier besteht leicht die Gefahr einer Nährstoffunterversorgung, selbst wenn man über eine sehr gute Lebensmittelkenntnis verfügt und sich gewissenhaft um eine ausgewogene Zusammenstellung der Mahlzeiten bemüht. Bevor Sie diese Idee in die Tat umsetzen, sollten Sie sich von Ihrer Hebamme, dem Kinderarzt oder von einer Ernährungsfachfrau für Babykost beraten lassen.

Grundrezept

Vegetarischer Gemüse-Getreide-Brei

→ Möchten Sie rohe Hirsekörner verwenden, waschen Sie diese vorher in einem feinmaschigen Sieb unter heißem Wasser. Überbrühen Sie die Körner mit kochendem Wasser, das Sie anschließend abgießen. Kochen Sie dann die Hirse in der 2,5-fachen Menge Wasser in 12 bis15 Minuten gar und pürieren Sie sie zusammen mit dem gegarten Gemüse. Reduzieren Sie das Kochwasser des Gemüses auf 30 Milliliter.

→ Haferflocken, die zartschmelzend sein sollen, werden zusammen mit dem Gemüse gegart und püriert. Reduzieren Sie in diesem Fall das Kochwasser auf 50 Milliliter.

100 g Karotten/Zucchini/ Kürbis/ Pastinaken, ab dem zweiten Beikostmonat bevorzugt eisenreiche Gemüsesorten
10–15 g (2–3 EL) Instant-Hirse- oder Haferflocken (fein löslich, speziell für Babynahrung)
2 TL Öl
1–2 EL Obstsaft (Apfel oder Orange), vorzugsweise frisch gepresst, oder ab dem achten Lebensmonat ein Schnitz frisches Obst (Apfel, Birne)

1. Das Gemüse waschen, schälen und in kleine Stücke schneiden. Die Gemüsestückchen in einem Topf in 100 ml Wasser bei kleiner Hitze 10 Minuten weich kochen.
2. Das Gemüse samt Kochwasser mit dem Stabmixer fein pürieren und auf ca. 50 °C abkühlen lassen.
3. Die Getreideflocken in den Brei einrühren, ausquellen und auf Esstemperatur abkühlen lassen.
4. Unmittelbar vor dem Essen das Öl und den Saft hinzufügen bzw. das Obst mit einer Küchenreibe raspeln und unterheben.

Der vegetarische Gemüse-Getreide-Brei
→**Schritt 1:** Gemüsebrei
Eine Gemüsesorte (Karotten/Pastinaken/ Kürbis oder Zucchini), Menge täglich steigern. Nach fünf bis sieben Tagen 1 TL Pflanzenöl dazugeben.
→**Schritt 2:** Gemüse-Getreide-Brei
Zu ca. 80–100 g Gemüse 100 ml Flüssigkeit und 10–15 g eisenreiche Getreideflocken plus 1–2 TL Pflanzenöl hinzufügen. Zusätzlich 1–2 EL Vitamin-C-haltigen Obstsaft zur besseren Eisenaufnahme. Nicht würzen!

Der Milch-Getreide-Brei

Als zweiter Beikostbrei wird in der Regel der abendliche Milch-Getreide-Brei eingeführt, der durch seinen Gehalt an wertvollem Kalzium und Eiweiß insbesondere geeignet ist, allmählich die nächste Brust- oder Fläschchenmahlzeit zu ersetzen.

Zubereitet wird er aus Kuhmilch, zunächst mit Wasser verdünnt, und sättigenden Getreideflocken. Die Milch sollte einen natürlichen Fettgehalt von 3,5 bis 3,8 Prozent haben. Wählen Sie am besten pasteurisierte Frischmilch, optimalerweise nicht homogenisiert wie etwa bei Demeter. Viele Mütter und auch Ärzte berichten, dass naturbelassene, nicht homogenisierte Milch am besten verträglich sei.

➔ **Homogenisieren bedeutet, dass durch Veränderung der Fettteilchengröße das natürliche Aufrahmen der Milch verhindert wird, was aber zugleich die Fettverdauung im Darm sehr beschleunigt. Man vermutet, dass auf diese Weise an Fettpartikel gebundene Eiweiße in den Blutkreislauf gelangen und schließlich Allergien auslösen können.**

ESL-Milch (»extra länger frisch«, hocherhitzt) und H-Milch (ultrahocherhitzt) sind weniger beziehungsweise nur im Ausnahmefall geeignet. Rohmilch oder Vorzugsmilch wiederum kann Keime enthalten, die für Ihr Baby ein Gesundheitsrisiko darstellen, und muss deshalb abgekocht werden.

Auch bei vegetarischer Ernährung eines Säuglings gilt, was bereits vorne bei der Zusammensetzung der Breie gesagt wurde. Wer auf Kuhmilch verzichten möchte, kann Muttermilch für den Brei verwenden oder den milchhaltigen Getreidebrei zugunsten eines Obst-Getreide-Breis erst einmal zurückstellen.

Als Getreide für beide Breie eignen sich Dinkel- oder Weizenvollkorngrieß, Polenta (Maisgrieß) sowie, wie bereits erwähnt, Hirse oder Hafer. Reisflocken oder Milchreis sind zwar sehr gut verträglich, jedoch von ihrer Nährstoffzusammensetzung den anderen Getreiden unterlegen. Da im ersten Lebensjahr grobe Vollkornprodukte oder Frischkornbrei noch nicht geeignet sind, sollten Sie spezielle Instant-Baby-Vollkornflocken verarbeiten. Gleiches gilt für Baby-Hirseflocken, denen beispielsweise unerwünschte Gerbstoffe bereits entzogen wurden.

Zur besseren Eisenaufnahme empfiehlt sich auch hier wiederum die Zugabe von etwas frischem Obstpüree oder Saft. Versuchen Sie herauszufinden, wie es Ihr Kind am besten verträgt. Herzhafte Milchbreie mit etwas Vitamin-C-haltigem Gemüse wie Paprika sind ab dem zehnten Lebensmonat ebenfalls möglich. Eine zusätzliche Beimischung von Öl ist in Anbetracht des Milchfettgehalts im Brei nicht nötig.

➔ **Obwohl der Milch-Getreide-Brei bestimmt den meisten Kindern gesüßt besser schmeckt, sollten Sie auf die Zugabe von Zucker, Honig oder Marmelade verzichten. Ebenfalls auf die regelmäßige Verwendung von Bananen – es sei denn, Sie strecken diese zumindest durch weniger süßes Obst.**

Irrtümlicherweise meinen viele Mütter, ihr Kind würde nach einer reichhaltigen Abendmahlzeit besser und länger durchschlafen. Das Gegenteil ist jedoch meist der Fall, denn zu viel Essen im Magen führt schnell zu Bauchschmerzen und Blähungen. Lassen Sie deshalb Ihr Kind entscheiden, wie viel es essen möchte.

Halbmilch-Getreide-Brei

Grundrezept

100 ml Vollmilch 3,5 % Fett
100 ml Wasser
25 g (4–5 EL) Instant-Dinkel- oder Weizenvollkorn-Grießpulver, Hirse- oder Haferpulver (fein löslich, speziell für Babynahrung)
2 EL Obstsaft (Apfel oder Orange), vorzugsweise frisch gepresst oder Obstpüree

1. Die Milch und das Wasser zusammen aufkochen und auf ca. 50 °C abkühlen lassen.
2. Das Getreide einrühren und auf Esstemperatur abkühlen lassen.
3. Unmittelbar vor dem Essen Obstsaft oder -püree hinzufügen.

➔ Die Milchmenge wird täglich in kleinen Dosen schrittweise erhöht, bis Sie kein Wasser mehr zusetzen. Nach dem sechsten Lebensmonat können Sie außerdem auf das Aufkochen der Flüssigkeit verzichten.

➔ Möchten Sie Getreideflocken oder herkömmlichen Grieß verwenden, kochen Sie diese mit der Flüssigkeit auf, und lassen Sie das Ganze ein paar Minuten ausquellen. Bei Hirsekörnern bleibt die Zubereitung dieselbe wie beim vegetarischen Gemüsebrei. Statt Obstpüree können Sie jetzt auch sehr gut ein Stück Obst (milden Apfel, Birne, Aprikose, Pflaume) kurz mitdünsten.

Der Milch-Getreide-Brei

➔Schritt 1: Halbmilch-Getreide-Brei
100 ml Vollmilch 3,5 % Fett +
100 ml Wasser
25 g (4–5 EL) Getreide plus 2 EL Vitamin-C-haltiger Obstsaft oder Obstpüree zur besseren Eisenaufnahme
Milchmenge täglich steigern.

➔Schritt 2: Vollmilch-Getreide-Brei
200 ml Vollmilch 3,5 % Fett
25 g (4–5 EL) Getreide plus 2 EL Vitamin-C-haltiger Obstsaft oder Obstpüree zur besseren Eisenaufnahme.
Nicht zusätzlich süßen!

Der Obst-Getreide-Brei

Der Obst-Getreide-Brei rundet als Zwischenmahlzeit am Nachmittag das Beikostangebot ab oder kann für unterwegs vorbereitet werden.

Verschiedene Obstsorten liefern eine Vielzahl an Vitaminen und Mineralstoffen, außerdem stuhlfördernde Ballast- und wichtige sekundäre Pflanzenstoffe.

Durch die Zugabe von Getreide und Fett erhält der Brei zusätzliche wertvolle Nährstoffe und ist gut sättigend. Statt Getreidepulver oder -flocken können Sie ab und zu einen zerkrümelten ungesüßten Zwieback oder Babykekse verwenden und statt Pflanzenöl gelegentlich ein Stückchen milde Süßrahmbutter.

Milchprodukte wie Joghurt oder Quark hingegen sind nicht geeignet, weil Ihr Baby dadurch zu viel Eiweiß bekäme und sich durch das darin enthaltene Kalzium die Eisenaufnahme aus dem Getreide vermindern würde. Verzichten Sie außerdem genau wie beim Milch-Getreide-Brei auf zusätzliche Süßungsmittel, Kakao, Vanille oder Ähnliches.

Sie können nach Belieben mildes frisches Obst der Saison verwenden wie Äpfel, Birnen, Erdbeeren, Himbeeren, Brombeeren, Heidelbeeren, Aprikosen, Pflaumen, Nektarinen. Bananen sollten, wie schon erwähnt, nach Möglichkeit nur in Kombination mit weniger süßem Obst verarbeitet werden. Vermeiden Sie außerdem sehr saure oder exotische Früchte wie Kiwi und Ananas, die wie Zitrusfrüchte nicht selten zu Unverträglichkeit und Wundsein führen. Trockenfrüchte, die nur noch wenige Vitamine, dafür aber sehr viel Zucker enthalten, sind kein Ersatz für frisches Obst, eignen sich jedoch als Hilfe bei hartnäckig festem Stuhl. Garen Sie dann in wenig Wasser ein bis zwei getrocknete Aprikosen oder Pflaumen fünf Minuten, mixen Sie die weichen Stücke, und mischen Sie sie unter den Brei. Wichtig ist, dass es sich um einwandfreie und ungeschwefelte Ware handelt.

Ab dem 8. Monat kann das Obst auch roh fein gerieben oder zerdrückt gegeben werden. Dann nur das Wasser erhitzen, das Getreide einrühren und zuletzt frisches Obst und Fett hinzufügen.

Möchten Sie den Obst-Getreide-Brei für unterwegs vorbereiten, empfiehlt es sich, nach dem Abkühlen einen Spritzer Zitronensaft hinzuzugeben, denn so vermeiden Sie, dass der Brei braun wird. Außerdem sorgt die Zitrone dafür, dass die Vitamine besser geschützt werden.

Grundrezept

Obst-Getreide-Brei

100 g frisches Obst der Saison
10–15 g (2–3 EL) Instant-Vollkorngrießpulver, Hirse- oder Haferflocken (fein löslich, speziell für Babynahrung), ungesüßter Zwieback oder Babykeks
1 TL Butter oder Pflanzenöl

1. Das Obst waschen, entkernen und in kleine Stückchen schneiden.
2. Das Obst in 100 ml Wasser in 3–5 Minuten weich kochen, mit dem Stabmixer pürieren und auf ca. 50 °C abkühlen lassen.
3. Das Getreide einrühren und auf Esstemperatur abkühlen lassen.
4. Unmittelbar vor dem Essen die Butter in Flöckchen oder das Öl hinzufügen.

Der Obst-Getreide-Brei
100 ml Wasser
10–15 g (2–3 EL) Getreide , Zwieback oder Babykeks (ungesüßt)
100 g frisches Obst der Saison
1 TL Butter oder Pflanzenöl
Obst zunächst weich kochen und fein pürieren, ab dem 8. Monat auch roh gerieben oder zerdrückt hinzufügen.
Nicht zusätzlich süßen!
Sehr gut für unterwegs geeignet!

Rezepte

5. bis 7. Monat

Die in den Rezepten genannten Mengen sind durchschnittliche Angaben für Babys ab dem 5. Monat. Oftmals ist der Appetit des Babys noch klein. Seien Sie daher nicht besorgt, wenn Ihr Kind nicht alles aufisst – lassen Sie es selbst über die Menge entscheiden, die es essen möchte. Breireste, die übrig bleiben, können Sie gut für die übrige Familie in Hackfleisch, Gemüsesaucen oder Aufläufe einarbeiten. Gemüsebrei mit Frischkäse und frischen Kräutern, fein gewürzt, eignet sich auch gut als leckerer Brotaufstrich. Durch Erhöhen oder Reduzieren der Gemüse-/Obstmengen können Sie die Rezepte der Essmenge Ihres Babys anpassen.

Die Mengenangaben in den Familienrezepten sind für drei große und eine Babyportion berechnet. Variieren Sie nach Ihrem persönlichen Bedarf die Mengen der Zutaten.

Die Garzeiten richten sich nach der Größe bzw. dem Zerkleinerungsgrad der Lebensmittel. Sind die Stückchen noch zu fest, schneiden Sie sie beim nächsten Mal etwas kleiner oder verlängern Sie die Garzeit. Möchten Sie die Breikost im Dampfgarer vorgaren oder in einer Küchenmaschine (Thermomix etc.) zubereiten, gelten evtl. auch andere Zeitangaben.

Die empfohlene Wassermenge setzt voraus, dass kein Wasserdampf beim Garen verloren geht. Erscheint Ihnen die Menge zu wenig bzw. die Breikonsistenz zu fest, ergänzen Sie mit frisch abgekochtem Wasser, ab dem 7. Monat auch mit frischem Leitungswasser.

→ Mittlerweilen hat das Baby das Essen mit dem Löffel akzeptiert. Es ist Zeit, Neues anzubieten oder Altes mit Neuem zu verbinden …

→ Die Symbole:
A = allergenarm, für Babys mit Allergierisiko geeignet, gluten- und milchhaltige Breie evtl. nach Absprache mit dem Kinderarzt
E = reich an Eisen
V = für vegetarische Beikost geeignet

Den frisch gekochten Brei können Sie drei Tage im Kühlschrank aufbewahren oder überschüssige Mengen in Portionen bis zu sechs Monaten einfrieren.

Was verträgt das Baby jetzt?
Zwischen dem 5. und 7. Monat ist der Beginn der Beikostgabe. Hier geht es vor allem darum, ein Gefühl für Breinahrung und neue Geschmacksrichtungen zu bekommen.

Die meisten Babys essen in den ersten Beikostmonaten noch nicht allzu viel. Zuerst sind es nur wenige Löffel, nach und nach steigert sich dann die Menge nach dem individuellen Bedürfnis.

Gemüsebreie

Zucchinibrei

10 Minuten

Ergibt 130 g

Allergenarm

Für vegetarische Beikost geeignet

100 g Zucchini
30 ml Wasser
1 TL Öl

1. Die Zucchini waschen, Blüten- und Stielansatz entfernen und in kleine Würfel schneiden.
2. Den Boden eines Topfs mit Wasser bedecken, die Zucchiniwürfel einfüllen und in 5–7 Minuten weich kochen. Mit dem Stabmixer fein pürieren. Unmittelbar vor dem Essen das Öl hinzufügen.

Nutzen Sie die Zucchinisaison von Mitte Juni bis Ende September.

Zucchini enthalten viel Flüssigkeit und wenig Faserstoffe, und sie zeichnen sich durch ihren milden Geschmack aus. Daher sind sie als erstes Beikostgemüse sehr beliebt. Für die ersten Geschmacksversuche können Sie Ihrem Baby den Zucchinibrei auch halbflüssig mit Wasser gestreckt aus einer flachen Tasse zu schlürfen geben. Nach und nach wird dann die Konsistenz fester, evtl. auch durch Zugabe anderer Gemüsesorten oder Kartoffeln/Getreide.

Pastinakenbrei

15 Minuten

Ergibt 100 g

Allergenarm

Für vegetarische Beikost geeignet

50 g Pastinaken
50 ml Wasser
1 TL Öl

1. Die Pastinake waschen, schälen und in feine Scheiben schneiden.
2. Den Boden eines Topfs mit Wasser bedecken, die Pastinakenscheiben einfüllen und in 10 Minuten weich kochen. Mit dem Stabmixer fein pürieren. Unmittelbar vor dem Essen das Öl hinzufügen.

Pastinaken schmecken süß-würzig und sind gut verträglich. Sie enthalten reichlich Eisen und sind im Gegensatz zu Karotten nicht stopfend und auch nitratarm.

Karottenbrei

15 Minuten

Ergibt 100 g

Allergenarm

Für vegetarische Beikost geeignet

50 g Karotten
50 ml Wasser
1 TL Öl

1. Die Karotte waschen, abbürsten bzw. schälen und in feine Scheiben schneiden.
2. Den Boden eines Topfs mit Wasser bedecken, die Karottenscheiben einfüllen und in 10 Minuten weich kochen. Mit dem Stabmixer fein pürieren. Unmittelbar vor dem Essen das Öl hinzufügen.

Karotten schmecken fein süßlich und kommen darum bei kleinen Schleckermäulern sehr gut an. Reagiert Ihr Baby darauf mit festerem Stuhl, geben Sie besser die Karotten mit anderem Gemüse bzw. etwas Trockenobst (siehe Rezept Pastinaken-Karotten-Hirse-Brei, Seite 66).

Zucchini-Spinat-Hirse-brei mit Birne

15 Minuten

Ergibt 2 Baby-Portionen à 150 g

Reich an Eisen

Für vegetarische Beikost geeignet

50 g Zucchini
½ Birne
50 g frischer Blattspinat
100 ml Wasser
20 g Instant-Hirseflocken
4 TL Öl
2–4 EL Obstsaft (Apfel- oder Orangensaft), vorzugsweise frisch gepresst

1. Die Zucchini waschen und Blüten- sowie Stielansatz entfernen. Die Birne waschen, den Stiel und das Kerngehäuse entfernen und alles in kleine Würfel schneiden.
2. Den Blattspinat unter fließendem kaltem Wasser waschen und trocken tupfen. Die Blätter von den Stängeln zupfen.
3. Zucchini, Birne und Spinat mit dem Wasser in einem kleinen Topf zum Kochen bringen und bei kleiner Hitze in 5–7 Minuten weich garen. Mit dem Stabmixer fein pürieren und auf 50 °C abkühlen lassen. Anschließend die Hirseflocken einrühren.
4. Unmittelbar vor dem Essen das Öl und den Saft zugeben.

Variante:
Bei älteren Kindern ab acht Monaten können Sie anstelle des Obstsafts auch einen Schnitz frische Birne mit dem Gemüse pürieren.

Spinat-Kartoffelbrei

25 Minuten

Ergibt 200 g

Allergenarm

Für vegetarische Beikost geeignet

1 kleine Kartoffel (50 g)
100 g frischer Blattspinat
30 ml Wasser
2 TL Öl
1–2 EL Obstsaft (Apfel- oder Orangensaft), vorzugsweise frisch gepresst

1. Die Kartoffel in Wasser in 15 Minuten weich kochen.
2. Den Blattspinat unter fließendem kaltem Wasser waschen und trocken tupfen. Die Blätter von den Stängeln zupfen und mit dem Wasser in einem kleinen Topf zum Kochen bringen. Bei kleiner Hitze in 5–7 Minuten garen. Mit dem Stabmixer fein pürieren.
3. Die Kartoffel schälen, mit einer Gabel zerdrücken und mit dem Spinat vermengen. Unmittelbar vor dem Essen das Öl und den Saft hinzufügen.

Familienessen
Rahmspinat mit Pellkartoffeln und Spiegelei

Von 600 g gegartem Blattspinat 3–5 EL für das Baby beiseitelegen.
Den restlichen Spinat mit Salz, frisch gemahlenem Pfeffer, einer Prise Zucker und etwas frisch geriebener Muskatnuss würzen. Kurz vor dem Servieren 50 g Frischkäse und 50 g süße Sahne unterrühren. Dazu Pellkartoffeln und gebratene Spiegeleier reichen.

Wenn Sie mögen, können Sie ab dem 7. Lebensmonat ein Eigelb in etwas Butter braten. Geben Sie es mit der Gabel zerdrückt zum Spinat-Kartoffelbrei.

Blumenkohl-Kartoffelbrei

30 Minuten

Ergibt 220 g

Allergenarm

Für vegetarische Beikost geeignet

1 kleine Kartoffel (50 g)
100 g Blumenkohl
50 ml Wasser
2 TL Öl
1–2 EL Obstsaft (Apfel- oder Orangensaft), vorzugsweise frisch gepresst

1. Die Kartoffel in Wasser in 15 Minuten weich kochen.
2. Die Blumenkohlröschen waschen. In einem kleinen Topf das Wasser zum Kochen bringen und die Blumenkohlröschen bei kleiner Hitzer in 15–20 Minuten weich kochen. Mit dem Stabmixer fein pürieren.
3. Die Kartoffel schälen, mit einer Gabel zerdrücken und mit dem Blumenkohl vermengen. Unmittelbar vor dem Essen das Öl und den Saft hinzufügen.

Familienessen
Blumenkohl-Kartoffel-Auflauf

500 g Kartoffeln mit Wasser bedeckt weich kochen. Den Blumenkohl in Röschen zerteilt in 250 ml Wasser garen. Davon fürs Baby 3–5 EL abzweigen. Den restlichen Blumenkohl zusammen mit den geschälten und geviertelten Kartoffeln in eine Auflaufform schichten. In einem Topf 2 EL Butter zerlassen und mit 1–2 EL Mehl binden. Dann nach und nach unter Rühren das Blumenkohl-Kochwasser zufügen und aufkochen lassen. Die Sauce mit Gemüsebrühe, Sahne, Salz und frisch gemahlenem schwarzem Pfeffer würzen und das Gemüse in der Auflaufform damit übergießen. Das Ganze mit 200 g frisch geriebenem Käse bestreuen. Bei 180 °C (Umluft) ca. 25 Minuten überbacken. Vor dem Servieren mit in Röllchen geschnittenem Schnittlauch bestreuen.

Erbsen sorgen
wieder für aus-
reichend Eisen.

Erbsen-Haferbrei

15 Minuten

Ergibt 240 g

Allergenarm

Reich an Eisen

Für vegetarische Beikost geeignet

50 g frische oder TK-Erbsen
150 ml Wasser
20 g Instant-Haferflocken
2 TL Öl
1–2 EL Obstsaft (Apfel- oder Orangensaft), vorzugsweise frisch gepresst

1. Die Erbsen in dem Wasser 10 Minuten bei mittlerer Hitze weich kochen. Mit dem Stabmixer fein pürieren und auf 50 °C abkühlen lassen. Die Haferflocken einrühren.
2. Unmittelbar vor dem Essen das Öl und den Saft hinzufügen.

Variante:
Bei älteren Kindern ab acht Monaten können Sie anstelle des Obstsafts auch einen Schnitz frisches Obst mit dem Gemüse pürieren.

Pastinaken-Karotten-Hirsebrei

20 Minuten

Ergibt 235 g

Allergenarm

Reich an Eisen

Für vegetarische Beikost geeignet

je 1 Pastinake und Karotte (je 50 g)
100 ml Wasser
15 g Instant-Hirseflocken
2 TL Öl
1–2 EL Obstsaft (Apfel- oder Orangensaft), vorzugsweise frisch gepresst

1. Die Pastinake und Karotte waschen, schälen und in feine Scheiben schneiden.
2. Zusammen mit dem Wasser in einen Topf geben und in 10 Minuten weich kochen. Mit dem Stabmixer fein pürieren und auf 50 °C abkühlen lassen.
3. Anschließend die Hirseflocken einrühren.
4. Unmittelbar vor dem Essen das Öl und den Saft hinzufügen.

Variante:
Bei älteren Kindern ab acht Monaten können Sie anstelle des Obstsafts auch einen Schnitz frisches Obst, z. B. Apfel oder Aprikose, mit dem Gemüse pürieren.

Dieser Brei eignet sich besonders für die vegetarische Beikost-Ernährung da er viel wichtiges Eisen enthält. Neigt Ihr Baby zu hartem Stuhl, können Sie auch eine ungeschwefelte getrocknete Aprikose mit dem Gemüse weich kochen und pürieren.

Gemüse-Kartoffel/ Getreide-Fleisch-Brei

Karotten-Kartoffel-Kalbfleisch-Brei

25 Minuten

Ergibt 180 g

Allergenarm

Reich an Eisen

1 kleine Kartoffel (50 g)
30 g magerer Kalbstafelspitz
1 mittelgroße Karotte (50 g)
30 ml Wasser
2 TL Öl
1–2 EL Obstsaft (Apfel- oder Orangensaft), vorzugsweise frisch gepresst

1. Die Kartoffel in Wasser in 15 Minuten weich kochen.
2. Das Fleisch in kleine Würfel schneiden. Die Karotte waschen, schälen und in Scheiben schneiden. Beides zusammen in dem Wasser in 10 Minuten garen. Mit dem Stabmixer fein pürieren.
3. Die Kartoffel schälen, mit einer Gabel zerdrücken und zum Karotten-Fleisch-Brei geben. Unmittelbar vor dem Essen das Öl und den Saft hinzufügen.

Familienessen
Kalbstafelspitz mit Kartoffelpüree und Karottengemüse

Alternativ können Sie ein größeres Stück Kalbstafelspitz für die ganze Familie garen. Dafür so viel Wasser in einen Topf füllen, dass das Fleisch ganz bedeckt ist. 1 Karotte, einige Zwiebelstücke, etwas Lauch und frische Petersilie hinzufügen und zum Kochen bringen. Den Tafelspitz ins kochende Wasser geben und etwa 1 Stunde bei kleiner Hitze ziehen lassen, dabei aufpassen, dass das Wasser nur siedet. Von dem Fleisch ein pflaumengroßes Stück fürs Baby abzweigen. Von der Brühe können Sie ein paar Esslöffel zum Babybrei zugeben. Die restliche Brühe mit löslicher Gemüsebrühe würzen, etwas Mehl zum Binden, Sahne und nach Belieben Meerrettich zugeben und als Sauce zum Kalbstafelspitz reichen. Ausreichend Kartoffeln weich kochen und dabei für das Baby wiederum etwas abzweigen. Aus dem Rest mit einem Schuss heißer Milch, Salz und etwas Pfeffer ein cremiges Püree zubereiten. Die Karotten in Scheiben schneiden und in Butter und etwas Wasser 10 Minuten weich garen. Auch davon 2–3 EL für den Babybrei abzweigen. Den Rest mit etwas Brühe würzen und zum Kalbstafelspitz servieren.

Der fleischhaltige Gemüsebrei wird ab dem 7. Lebensmonat, wenn die Eisenspeicher des Babys langsam leer werden, eingeführt. Zu Beginn ist es ratsam, nur ein bis zwei Sorten Fleisch zu nehmen. Der Fleischbrei wird im Wechsel mit vegetarischem Brei 2- bis 3-mal die Woche gegeben.

Kürbis-Puten-Nudel-Brei

20 Minuten

Ergibt 170–200 g

Allergenarm

20 g Hartweizennudeln
70–100 g Hokkaidokürbis
30 g mageres Putenfleisch
30 ml Wasser
2 TL Öl
1–2 EL Obstsaft (Apfel- oder Orangensaft), vorzugsweise frisch gepresst

1. Die Nudeln in ausreichend ungesalzenem Wasser kochen (am besten für die ganze Familie Nudeln kochen und für das Baby 2 EL weich gekochte Nudeln abzweigen).
2. Den Kürbis schälen und Kerne sowie Faserteile entfernen. In kleine Würfel schneiden. (Ab dem 8. Monat können Sie die Schale durchaus auch dranlassen.)
3. Das Putenfleisch waschen und trocken tupfen. In kleine Würfel schneiden und zusammen mit dem Kürbis in dem Wasser 10 Minuten bei mittlerer Hitze garen. Zusammen mit den Nudeln mit dem Stabmixer fein pürieren.
4. Unmittelbar vor dem Essen das Öl und den Saft hinzufügen.

Variante:
Ab dem 9. Monat können Sie Ihrem Kind die Nudeln separat zum Kauen geben.

Familienessen
Kürbis-Puten-Nudelpfanne

Die Nudeln in ungesalzenem Wasser kochen und für das Baby 2 EL abzweigen.
Den Kürbis waschen und schälen. Kerne und Faserteile entfernen. Das Kürbisfleisch in Würfel schneiden. (Ab dem 8. Monat können Sie die Schale auch dranlassen.)
Das Putenfleisch waschen und trocken tupfen. In Würfel schneiden und zusammen mit dem Kürbis in etwas Wasser 10–15 Minuten bei mittlerer Hitze garen. Auch hiervon für das Baby eine Portion beiseitelegen. Den Rest zusammen mit den Nudeln in einer Pfanne in etwas Rapsöl anbraten, mit 50 g Sahne aufgießen und mit Salz oder Gemüsebrühe und Curry würzen. Nach Belieben vor dem Servieren mit frisch geriebenem Käse bestreuen.

Putengeschnetzeltes mit Nudeln und Kürbispüree

Die Nudeln in ungesalzenem Wasser kochen und für das Baby 2 EL abzweigen.
Das Putenfleisch waschen, trocken tupfen und in Streifen schneiden. Für das Baby 1 EL beiseitelegen, den Rest in Rapsöl in einer Pfanne anbraten. Etwas Sahne angießen und würzen. Den Kürbis waschen, schälen und in kleine Würfel schneiden. (Ab dem 8. Monat können Sie die Schale auch dranlassen.) Zusammen mit dem Putenfleisch für das Baby in etwas Wasser 10 Minuten bei mittlerer Hitze garen. Auch hiervon für das Baby eine Portion plus das gegarte Fleisch beiseitelegen. Aus dem Kürbisrest mit einem Schuss heißer Milch, Salz und etwas Pfeffer ein cremiges Püree zubereiten. Zusammen mit den Nudeln und dem Geschnetzelten servieren.

Obstbreie

Die reinen Obstbreie eignen sich als Grundlage für den Obst-Getreide-Brei oder als Zugabe zum Milch-Getreide-Brei. Süßen Schleckermäulchen können Sie mit 1–2 EL Obstmus auch den Gemüsebrei schmackhafter machen. Die Rezeptangaben sind für eine Portion, Sie können aber auch gut auf Vorrat kochen und das restliche Mus drei Tage im Kühlschrank aufbewahren bzw. bis zu sechs Monaten einfrieren.

Apfelmus

10 Minuten

Ergibt 130 g

Allergenarm

Für vegetarische Beikost geeignet

100 g Apfel (milde Sorte, z. B. Jonagold)
30 ml Wasser

1. Den Apfel waschen, schälen, das Kerngehäuse entfernen und in kleine Stücke schneiden. In dem Wasser 5 Minuten weich kochen.
2. Mit dem Stabmixer pürieren bzw. mit einer Gabel fein zerdrücken.

Birnenmus

10 Minuten

Ergibt 130 g

Allergenarm

Für vegetarische Beikost geeignet

100 g Birne (reife Frucht)
30 ml Wasser

1. Die Birne waschen, schälen, das Kerngehäuse entfernen und in kleine Stücke schneiden. In dem Wasser 5 Minuten weich kochen.
2. Mit dem Stabmixer pürieren bzw. mit einer Gabel fein zerdrücken.

Apfelmus wirkt leicht stuhlauflockernd und ist bei Jung und Alt sehr beliebt.

Brombeer-Bananen-Mus

15 Minuten

Ergibt 180 g

Reich an Eisen

Für vegetarische Beikost geeignet

100 g Brombeeren
½ Banane
30 ml Wasser

1. Die Brombeeren putzen und waschen, anschließend in dem Wasser 5–7 Minuten weich kochen.
2. Die Banane schälen und in Stückchen zu den Brombeeren geben. Anschließend alles mit dem Stabmixer fein pürieren.

Brombeeren enthalten viel Eisen und machen diesen Brei deshalb wertvoll für die vegetarische Beikost.

Durch die getrocknete Aprikose wirkt dieser Brei oft kleine Wunder bei hartem Stuhl.

Pfirsich-Aprikosen-Mus

15 Minuten

Ergibt ca. 170 g

Allergenarm

Reich an Eisen

100 g Pfirsich
1 Trockenaprikose, ungeschwefelt
50 ml Wasser

1. Den Pfirsich waschen, entkernen und in kleine Stücke schneiden. Die Trockenaprikose in kleine Würfel schneiden.
2. In dem Wasser 5–7 Minuten weich kochen und anschließend mit dem Stabmixer pürieren.

Der Obst-Getreide-Brei ist die Zwischenmahlzeit am Nachmittag. Das Obst liefert wertvolle Vitamine und Mineralstoffe, die Ihr Kind für eine gesunde Entwicklung benötigt. Angereichert wird es mit sättigendem Getreide und Fett in Form von Butter oder Öl.

Obst-Getreide-Breie

Apfel-Bananen-Zwieback-Brei

10 Minuten

Ergibt ca. 180–200 g

Für vegetarische Beikost geeignet

50 g Apfel
50 ml Wasser
1–2 Stück ungesüßter Zwieback
50 g Banane
1 TL Butter oder Öl

1. Den Apfel schälen, das Kerngehäuse entfernen, in kleine Würfel schneiden und in dem Wasser in 5 Minuten weich kochen. Den Zwieback dazubröseln und aufweichen lassen.
2. Die Banane in Stückchen dazugeben und das Ganze mit dem Stabmixer pürieren. Zuletzt die Butter in Flöckchen oder das Öl unterrühren.

Ab dem 8. Monat kann der Brei auch mit roh geriebenem Apfel zubereitet werden. Dann den Zwieback in 50 ml heißem Wasser einweichen, mit der Banane zerdrücken und den Apfel dazureiben. Zuletzt die Butter in Flöckchen oder das Öl unterrühren.

Möchten Sie mit der Einführung des Milch-Getreide-Breis noch warten, können Sie den Obst-Getreide-Brei als zweite Beikostmahlzeit geben. Ebenso kann der Obst-Getreide-Brei auch als Abendbrei mit dem Milchbrei getauscht werden.

Ein gut sättigender Brei, der auch gerne mal als milchfreier Abendbrei genossen wird.

Milch-Getreide-Breie

Milch-Hirse-Pfirsich-Aprikosen-Brei

10 Minuten

Ergibt ca. 250 g

Allergenarm

Reich an Eisen

Für vegetarische Beikost geeignet

200 ml Vollmilch 3,5 % Fett
25 g (4–5 EL) Instant-Hirseflocken (fein löslich, speziell für Babynahrung)
2 EL Pfirsich-Aprikosen-Mus (Rezept Seite 77)

1. Die Milch auf ca. 50 °C erhitzen. Das Hirsepulver einrühren und auf Esstemperatur abkühlen lassen.
2. Das Obstmus hinzufügen.

Stuhlauflockernd und reich an wertvollem Eisen.

Der **Milch-Getreide-Brei** ergänzt in der Regel am Abend das Beikostangebot. Kuhmilch enthält viel Kalzium, welches für ein gesundes Knochenwachstum benötigt wird. Bereiten Sie den Brei anfangs noch als Halbmilchbrei mit Vollmilch : Wasser im Verhältnis 1:1 zu. Für Säuglinge, die abends gerne noch eine Flasche möchten, können Sie den Milch-Getreide-Brei auch mit etwas Wasser verdünnt flüssiger zubereiten und mit dem Breisauger geben.

Birnen-Milchreis

10 Minuten

Ergibt 275 g

Allergenarm

Für vegetarische Beikost geeignet

25 g rundkörniger Naturreis
200 ml Vollmilch, 3,5 % Fett
50 g reife Birne

1. Den Reis mit der Vollmilch aufkochen lassen und ca. 30 Minuten bei kleiner Hitze köcheln lassen. Dabei öfter umrühren, damit der Reis am Topfboden nicht ansetzt.
2. Die Birne waschen, schälen, das Kerngehäuse entfernen und das Fruchtfleisch in Würfel schneiden. Zum Milchreis geben. Alles zusammen weitere 10 Minuten köcheln lassen.
3. Mit dem Stabmixer pürieren und auf Esstemperatur abkühlen lassen.

Beim Naturreis sind noch alle wertvollen Inhaltsstoffe in der Schale enthalten. Der Birnen-Milchreis ist auch ein köstlicher Nachtisch für die »Großen« der Familie.

Milch-Dinkel-Apfel-Brei

10 Minuten

Ergibt ca. 250 g

Allergenarm

Für vegetarische Beikost geeignet

200 ml Vollmilch 3,5 % Fett
25 g (4–5 EL) Instant-Dinkel-Vollkorngrießpulver (fein löslich, speziell für Babynahrung)
2 EL Apfelmus (Rezept Seite 72)

1. Die Milch auf ca. 50 °C erhitzen. Das Dinkelpulver einrühren und auf Esstemperatur abkühlen lassen.
2. Das Apfelmus hinzufügen.

Ein gut verträglicher feiner Milchbrei.

Birnen-Milchreis

8. bis 10. Monat

Ab dem 8. Lebensmonat essen die meisten Kinder schon dreimal täglich eine Breimahlzeit. Beikost ist damit ein fester Bestandteil im Tagesablauf des Babys geworden. Bestimmt kennen Sie mittlerweile auch die Geschmacksvorlieben Ihres kleinen Essers, und es haben sich ein paar Lieblingsgerichte herauskristallisiert.

Im zweiten Abschnitt des Beikostalters beginnen viele Kinder, Nahrungsmittel selber in die Hand zu nehmen und in den Mund zu führen. Unterstützen Sie das, indem Sie Ihrem Kind immer wieder weich gedünstete Speisen in Stückchen servieren. Der Brei wird nach und nach stückiger, damit das Baby lernen kann, festere Nahrung im Mund zu bewegen und am Gaumen zu zerdrücken.

Selbstverständlich können Sie nach wie vor auch die Rezepte aus dem ersten Teil (5. bis 7. Monat) füttern und dabei jedoch das Gemüse nicht mehr fein pürieren, sondern mit der Gabel zerdrücken oder in mundgerechten Stückchen weich garen.

Gemüse-Kartoffel/Getreide-Breie

Kürbis-Haferflockenbrei

20 Minuten

Ergibt 240 g

Allergenarm

Reich an Eisen

Für vegetarische Beikost geeignet

100 g Hokkaidokürbis
20 g (ca. 2 EL) Haferflocken
2 TL Öl
1–2 EL Obstsaft (Apfel- oder Orangensaft), vorzugsweise frisch gepresst, oder 1 Schnitz frisches Obst (Apfel oder Birne)

1. Den Kürbis waschen, evtl. abbürsten und in kleine Würfel schneiden.
2. Zusammen mit den Haferflocken in 100 ml Wasser 10 Minuten bei mittlerer Hitze garen. Mit einer Gabel zerdrücken oder mit dem Stabmixer fein pürieren.
3. Unmittelbar vor dem Essen das Öl und den Saft hinzufügen bzw. das Obst mit einer Küchenreibe unterreiben.

Kürbis enthält gesunde Carotinoide und punktet durch seinen leicht süßen Geschmack. In Kombination mit Haferflocken ein schmackhaftes Gericht für die vegetarische Beikost.

Beim **Naturreis** sind noch alle wertvollen Inhaltsstoffe in der Schale enthalten.

Brokkoli-Karotten-Reisbrei

40 Minuten

Ergibt 220 g

Allergenarm

Reich an Eisen

Für vegetarische Beikost geeignet

20 g (ca. 2 EL) rundkörniger Naturreis
50 g Brokkoliröschen
1 Karotte (50 g)
2 TL Öl
1–2 EL Obstsaft (Apfel- oder Orangensaft), vorzugsweise frisch gepresst, oder 1 Schnitz frisches Obst (Apfel oder Birne)

Brokkoli ist sehr reich an sekundären Pflanzenstoffen, die eine bedeutende Wirkung auf die Gesundheit des Menschen haben. Daneben enthält er lebenswichtiges Eisen.

1. Den Reis mit 50 ml Wasser aufkochen lassen und ca. 30 Minuten bei kleiner Hitze garen. Dabei öfter umrühren.
2. Den Brokkoli waschen und in kleinere Röschen teilen. Die Karotte waschen, schälen und in kleine Würfel schneiden.
3. Das Gemüse in 30 ml Wasser in einem kleinen Topf zum Kochen bringen. Bei kleiner Hitze 10–15 Minuten weich garen. Mit einer Gabel zerdrücken oder mit dem Stabmixer fein pürieren.
4. Den Reis mit einer Gabel zerdrücken und unter den Gemüsebrei rühren.
5. Unmittelbar vor dem Essen das Öl und den Saft hinzufügen bzw. das Obst mit einer Küchenreibe unterreiben.

Maisgrieß ist sehr nahrhaft, leicht verdaulich und glutenfrei. Achten Sie auf frischen Grieß. Ist er älter, wird er leicht bitter. Paprika enthält viel wertvolles Vitamin C.

Paprika-Zucchini-Polenta

20 Minuten

Ergibt 235 g

Für vegetarische Beikost geeignet

50 g Paprika
50 g Zucchini
15 g (ca. 1 EL) feiner Maisgrieß
2 TL Öl
1–2 EL Obstsaft (Apfel- oder Orangensaft), vorzugsweise frisch gepresst, oder 1 Schnitz frisches Obst (Apfel oder Birne)

1. Die Paprika und die Zucchini waschen. Die Paprika halbieren, den Stielansatz, die Samen sowie die weiße Innenhaut entfernen. Von der Zucchini den Blüten- und Stielansatz entfernen. Beide Gemüse in etwa 3 mm große Würfel schneiden.
2. Zusammen mit dem Maisgrieß in 100 ml Wasser etwa 15 Minuten bei kleiner Hitze garen. Dabei öfter umrühren.
3. Unmittelbar vor dem Essen das Öl und den Saft hinzufügen bzw. das Obst mit einer Küchenreibe unterreiben.

Fenchel-Bohnen-Hirsebrei

45 Minuten

Ergibt 220 g

Reich an Eisen

Für vegetarische Beikost geeignet

20 g (ca. 2 EL) feinkörnige Hirse
50 g grüne Bohnen (Gartenbohnen)
50 g Fenchel
2 TL Öl
1–2 EL Obstsaft (Apfel- oder Orangensaft), vorzugsweise frisch gepresst, oder 1 Schnitz frisches Obst (Apfel oder Birne)

1. Die Hirse in einem feinmaschigen Sieb unter heißem Wasser waschen. Die Körner mit kochendem Wasser überbrühen. Anschließend das Wasser abgießen. In 50 ml frischem Wasser aufkochen lassen und ca. 10–15 Minuten bei kleiner Hitze garen. Dabei öfter umrühren. Anschließend 20–30 Minuten ausquellen lassen.
2. Die Bohnen waschen und den Stielansatz entfernen. In kleine Stücke schneiden.
3. Den Fenchel waschen und die äußeren Blätter sowie den Strunkansatz entfernen. In kleine Stücke schneiden.
4. Das Gemüse in 30 ml Wasser in einem kleinen Topf zum Kochen bringen. Bei kleiner Hitze 15–20 Minuten weich garen.
5. Das Gemüse mit dem Stabmixer fein pürieren. Evtl. durch ein Sieb streichen.
6. Die Hirse unter den Fenchel-Bohnen-Brei rühren.
7. Unmittelbar vor dem Essen das Öl und den Saft hinzufügen bzw. das Obst mit einer Küchenreibe unterreiben.

Fenchel und Bohnen enthalten viele Vitamine und Mineralstoffe. Aufgrund ihrer Fasern können sie die Verdauung anregen und den Stuhlgang fördern.

Zeigt Ihr Baby Abneigung gegen den faserigen Brei, streichen Sie das Gemüse einfach vor dem Servieren durch ein feines Sieb.

Ein blitzschnelles Rezept, das mit Zutaten aus dem Tiefkühlfach jederzeit zur Verfügung steht.

Gemüse-Kartoffel/ Getreide-Fleisch/Fisch-Brei

Erbsen-Hirse-Lachs-Brei

15 Minuten

Ergibt 215 g

Allergenarm

Reich an Eisen

30 g TK-Bio-Lachs (kein Räucherlachs!)
50 g TK-Erbsen
15 g Instant-Hirseflocken
2 TL Öl
1–2 EL Obstsaft (Apfel- oder Orangensaft), vorzugsweise frisch gepresst, oder 1 Schnitz frisches Obst (Apfel oder Birne)

1. Den Lachs unter kaltem Wasser waschen, trocken tupfen und mit einem scharfen Messer in kleine Würfel schneiden.
2. Die Erbsen mit den Lachswürfeln in 100 ml Wasser 10 Minuten bei mittlerer Hitze garen und anschließend mit dem Stabmixer fein pürieren, dabei ein paar Erbsen und kleine Lachsstücke unpüriert lassen.
3. Den Lachs-Erbsen-Brei auf etwa 50 °C abkühlen lassen und die Hirseflocken einrühren.
4. Unmittelbar vor dem Essen das Öl und den Saft hinzufügen bzw. das Obst mit einer Küchenreibe unterreiben.

Lachs liefert viele wertvolle Fettsäuren, die Erbsen sorgen für ausreichend Eisen. Als vegetarische Variante können Sie anstelle des Fischs einfach etwas mehr Hirse nehmen.

Ab dem 8. Monat wird nach und nach mit der fleischhaltigen Breikomponente variiert. Auch **Fisch** sollte nun gelegentlich auf dem Speiseplan stehen.

Spargelrisotto mit Schweinefleisch

20 Minuten

Ergibt 215 g

Reich an Eisen

15 g (1 ½ EL) Risottoreis, z. B. Arborio
100 g grüner Spargel
30 g mageres Schweinefleisch (Filet)
2 TL Öl
1–2 EL Obstsaft (Apfel- oder Orangensaft), vorzugsweise frisch gepresst, oder 1 Schnitz frisches Obst (Apfel oder Birne)

1. Den Reis in 50 ml Wasser etwa 15–20 Minuten garen, bis er weich ist. Dabei öfter umrühren.
2. Den Spargel waschen und das untere Drittel schälen. In kleine Stückchen schneiden.
3. Das Fleisch in kleine Würfel schneiden und zusammen mit dem Spargel im Risottowasser die letzen 10 Minuten bei mittlerer Hitze mitgaren. Anschließend mit dem Stabmixer fein pürieren.
4. Unmittelbar vor dem Essen das Öl und den Saft hinzufügen bzw. das Obst mit einer Küchenreibe unterreiben.

Gerade im Frühjahr zur Spargelzeit ist dieses Gericht auch für die Kleinen ein saisonaler Genuss. **Grüner Spargel** enthält besonders viele Vitamine und ist sehr zart. Wenn Sie möchten, können Sie ein paar Erbsen unter den Risotto geben. Auch für die Großen ist dieses Gericht, unpüriert und gewürzt, mit etwas Parmesan ein kulinarisches Highlight.

Variante:
Ab dem 9. Monat können Sie den Risottoreis separat kochen und unpüriert zum Brei geben.

Die Beerensauce ist ein feiner Zusatz zum Milch-Getreide-Brei. Ältere Familienmitglieder können die Sauce auf Joghurt oder Eis genießen. Für Babys ab dem 10. Lebensmonat kann die Beerensauce auf Fingerfood wie Pfannkuchen, Waffeln oder Brotstückchen gestrichen werden. Die Sauce ist im Kühlschrank gut verschlossen drei Tage haltbar.

Beerensauce

15 Minuten

Ergibt 130 g

Reich an Eisen

Für vegetarische Beikost geeignet

100 g frische oder TK-Beeren,
z. B. Himbeeren, Erdbeeren, Brombeeren oder Johannisbeeren
30 ml Wasser

1. Die Beeren waschen und verlesen. In kleine Stücke schneiden. In dem Wasser 7 Minuten köcheln lassen.
2. Durch ein Sieb passieren und noch heiß in ein sauberes Schraubglas füllen.

Erdbeer-Rhabarber-Mus

15 Minuten

Ergibt 130 g

Für vegetarische Beikost geeignet

1 Stange Rhabarber (ca. 50 g)
30 ml Wasser
50 g frische süße Erdbeeren

1. Den Rhabarber waschen, mit einem Spargelschäler schälen und in kleine Stücke schneiden. In dem Wasser 7 Minuten köchen lassen.
2. Die Erdbeeren waschen, verlesen, mit dem Rhabarber vermengen und mit dem Stabmixer pürieren.

Das Erdbeer-Rhabarber-Mus ist ein fruchtiger Frühsommergenuss. Rhabarber enthält Oxalsäure, die die Aufnahme von Kalzium und Eisen verringert. Deshalb sollte er nur gelegentlich auf dem Speiseplan stehen.

Tipp: TK-Beeren direkt und unaufgetaut ins Garwasser geben.

Alternativ können Sie frische Beeren mit wenig Wasser fein pürieren und sofort verwenden.

Obst-Getreide-Brei

Beeren-Haferflockenbrei

10 Minuten

Ergibt ca. 220 g

Reich an Eisen

Für vegetarische Beikost geeignet

10–15 g Instant-Haferflocken
100 ml heißes (ca. 50 °C) Wasser
50 g reife Erdbeeren
50 g reife Himbeeren
1 TL Butter oder Öl

1. Die Haferflocken in das heiße Wasser einrühren und quellen lassen.
2. Die Beeren waschen, verlesen und mit dem Stabmixer fein pürieren.
3. Das Beerenpüree unter den Haferflockenbrei rühren und Butterflöckchen oder Öl hinzufügen.

Beerenfrüchte und Haferflocken enthalten viel wertvolles Eisen.

Pfirsich-Dinkelbrei

15 Minuten

Ergibt ca. 220 g

Allergenarm

Für vegetarische Beikost geeignet

20 g (ca. 2 EL) Dinkelgrieß
100 ml Wasser
100 g reifer Pfirsich
1 TL Butter oder Öl

1. Den Grieß in dem Wasser aufkochen und 10 Minuten quellen lassen.
2. Den Pfirsich waschen, entkernen und in kleine Stücke schneiden.
3. Die Pfirsichstücke mit dem Stabmixer pürieren, unter den Grieß rühren und Butterflöckchen oder Öl hinzufügen.

Reife süße **Pfirsiche** sind im Sommer ein Hochgenuss. Ist die Schale zu rau, können Sie den Pfirsich auch kurz mit heißem Wasser überbrühen und dann die Schale abziehen.

Milch-Getreide-Breie

Pfirsich-Hafer-Milchbrei

15 Minuten

Ergibt 270 g

Allergenarm

Reich an Eisen

Für vegetarische Beikost geeignet

50 g reifer Pfirsich
20 g Haferflocken, zartschmelzend
200 ml Vollmilch, 3,5 % Fett

1. Den Pfirsich waschen, entkernen und in kleine Stücke schneiden.
2. Die Pfirsichstücke mit den Haferflocken in der Milch aufkochen und 10 Minuten quellen lassen.
3. Vor dem Servieren mit einer Gabel alles fein zerdrücken.

Haferflocken sind sehr nahrhaft und reich an Eisen. Die zartschmelzende Variante muss nur einmal kurz aufgekocht werden und ein paar Minuten quellen.

Beeren-Dinkel-Milchbrei

15 Minuten

Ergibt ca. 260 g

Für vegetarische Beikost geeignet

30 g (ca. 3 EL) Dinkelgrieß
200 ml Vollmilch, 3,5 % Fett
3–4 EL Beerensauce

1. Den Grieß in der Milch aufkochen und 10 Minuten quellen lassen.
2. Die fertige Beerensauce unter den Grießbrei rühren.

Die **Beerensauce** von Seite 98 ist eine gesunde, fruchtige Ergänzung zum Dinkel-Milch-Brei.

11. bis 12. Monat

Ab dem 11. Lebensmonat wird das Baby langsam an die Familienkost herangeführt. Nun darf es nach Belieben auch weiche, wenig gewürzte Speisen von den Gerichten der Großen probieren.

Die Breie des Babys werden immer grobstückiger, und es gibt regelmäßig auch Essen auf die Hand: Brotstückchen, milde Käsewürfel, zartes Geflügelfleisch oder frisches Obst.

Die Breizutaten werden nun nicht mehr immer püriert, sondern oft nur noch mit der Gabel zerdrückt. Auch Getreide wie Hirse oder Reis kommen nun als Ganzes in den Brei. Kräuter dürfen ab und zu die Geschmacksvielfalt des Essens bereichern.

Am Ende des 12. Lebensmonats, also mit einem Jahr, löst das gemeinsame Essen mit der Familie allmählich die Babybreie ab.

Vegetarische Gerichte

Bunte Nudelpfanne

20 Minuten

Ergibt ca. 200 g

Allergenarm

Für vegetarische Beikost geeignet

3 EL Farfalle oder Fusilli
50 g Karotten, fein geraspelt
50 g Zucchini, fein geraspelt
1 frisches Basilikumblatt
2 TL Öl
1–2 EL Obstsaft (Apfel- oder Orangensaft), vorzugsweise frisch gepresst, oder 1 Schnitz frisches Obst (Apfel oder Birne)

1. Wasser in einem Topf erhitzen und die Nudeln in etwa 10 Minuten weich kochen.
2. Das Gemüse in 30 ml Wasser aufkochen und bei kleiner Hitze in 10–15 Minuten weich kochen.
3. Das Basilikum waschen, fein hacken und unter das Gemüse rühren.
4. Die Nudeln mit dem Gemüse vermengen. Entweder alles mit einem Stabmixer grob pürieren oder die Gemüsenudeln zum Essen mit der Hand servieren.
5. Unmittelbar vor dem Essen das Öl und den Saft hinzufügen bzw. das Obst mit einer Küchenreibe unterreiben.

Liebhaber der italienischen Küche sollten ausnahmsweise darauf verzichten, die Nudeln bissfest zu essen. Dem Baby zuliebe!

Variante:
Auch dieses Gericht kann hervorragend als **Familienessen** in größerer Menge zubereitet und für die anderen Familienmitglieder am Tisch nachgewürzt werden.

Fast alle Kinder lieben **gekochte Nudeln** zum Essen aus der Hand. Die Karotten und Zucchini als Gemüsebeilage werden fein geraspelt »hineingeschmuggelt«.

Grüne Spätzle

30 Minuten

Ergibt
3 Baby-Portionen
oder 1 Baby- plus
1 Erwachsenen-Portion

Allergenarm

Reich an Eisen

Für vegetarische
Beikost geeignet

50 g Blattspinat
1 mittelgroße Zucchini
30 ml Wasser
1 EL Kresse
130 g Dinkelmehl
1 Ei
150 ml Wasser
6 TL Öl
3 Birnenschnitze

1. Den Spinat sorgfältig waschen und verlesen. Die Blätter von den Stängeln zupfen und klein schneiden.
2. Die Zucchini waschen, Blüten- und Stielansatz entfernen und in kleine Stücke schneiden
3. Das Gemüse in dem Wasser aufkochen und bei kleiner Hitze in 10 Minuten weich kochen.
4. Die Kresse abschneiden und mit dem Gemüse vermengen. Mit dem Stabmixer fein pürieren. Etwas abkühlen lassen.
5. Für den Spätzleteig das Mehl und das Ei mit einem Handrührgerät oder einem Kochlöffel vermischen und den Gemüsebrei unterrühren. Nach und nach das Wasser hinzufügen und verrühren.

Das Baby kann die Spätzle mit der Hand essen oder es kann mit dem Löffel gefüttert werden. Statt Spinat können Sie auch andere Gemüsesorten wie Karotten, Rote Bete oder Kürbis als Püree untermischen.

Die **Spätzle** können auch in doppelter Menge als Beilage für zwei Erwachsene und zwei Kinder gekocht werden.

6. Einen großen Topf zu zwei Drittel mit Wasser füllen und das Wasser zum Kochen bringen. Die Hitze reduzieren und den Spätzlehobel aufsetzen. Dann den Teig portionsweise durch den Spätzlehobel in das kochende Wasser geben.
7. Die Spätzle so lange kochen lassen, bis sie an der Wasseroberfläche schwimmen. Anschließend durch ein Sieb abgießen und kurz mit kaltem Wasser übergießen. (Wird eine Portion sofort gegessen, diese vor dem Übergießen mit Wasser entnehmen.)
8. Die Spätzle portionsweise fest verschlossen in einem geeigneten Gefäß im Kühlschrank (2 Tage) oder im Tiefkühlfach (3 Monate) lagern. Bei Bedarf eine Portion langsam bei kleiner Hitze in einem Topf erwärmen.
9. Unmittelbar vor dem Essen für das Baby jeweils 2 TL Öl hinzufügen und die Birne mit einer Küchenreibe unterreiben.

Gemüseeintopf

30 Minuten

Ergibt
3 Baby-Portionen
oder 1 Baby- plus
1 Erwachsenen-Portion

Für vegetarische
Beikost geeignet

3 kleine Kartoffeln
100 g Karotten, in kleine Würfel geschnitten
100 g Fenchel, in kleine Würfel geschnitten
100 g TK-Erbsen
250 ml Wasser
5 Schnittlauchstängel
6 TL Öl
3–6 EL Obstsaft (Apfel- oder Orangensaft), vorzugsweise frisch gepresst, oder 3 Schnitze frisches Obst (Apfel oder Birne)

1. Die Kartoffeln schälen und in kleine Würfel schneiden. Mit den Fenchel- und Karottenwürfeln und den Erbsen in dem Wasser in einem kleinen Topf zum Kochen bringen. Bei kleiner Hitze 20 Minuten weich kochen.
2. Alles mit einer Gabel zerdrücken oder mit dem Stabmixer fein pürieren
3. Den Schnittlauch waschen, trocken schütteln und in Röllchen schneiden. Über den Eintopf streuen.
4. Unmittelbar vor dem Essen für das Baby je 2 TL Öl und 1–2 EL Saft hinzufügen bzw. 1 Schnitz Obst mit einer Küchenreibe unterreiben.

Der **Gemüseeintopf** ist ein unkompliziertes Gericht, das sich beliebig auch mit anderen Gemüsesorten wie Brokkoli, Blumenkohl oder Kohlrabi erweitern und verändern lässt.

Variante:
Möchten Sie Ihrem Kind Fleisch in den Brei geben, fügen Sie einfach 60 g mageres **Rinderhackfleisch** dazu, und garen Sie es zusammen mit den Kartoffeln und dem Gemüse.

Eine größere Menge Gemüseeintopf zubereitet, und Sie haben eine feines Essen für die ganze Familie.

Süßkartoffel-Mais-Hirsebrei

20 Minuten

Ergibt 235 g

Reich an Eisen

Für vegetarische Beikost geeignet

50 g TK-Zuckermais
50 g Süßkartoffeln, geschält und in kleine Würfel geschnitten
100 ml Wasser
15 g Instant-Hirseflocken
2 TL Öl
1–2 EL Obstsaft (Apfel- oder Orangensaft), vorzugsweise frisch gepresst, oder 1 Schnitz frisches Obst (Apfel oder Birne)

Süßkartoffeln sind bei Babys sehr beliebt, da sie, wie es der Name schon sagt, süß schmecken und eine angenehm lockere Konsistenz haben.

1. Den gefrorenen Zuckermais mit den Süßkartoffelwürfeln in dem Wasser aufkochen lassen und bei kleiner Hitze 10–15 Minuten weich kochen.
2. Das Gemüse mit dem Stabmixer kurz pürieren. Die Konsistenz sollte stückig sein.
3. Den Brei auf ca. 50 °C abkühlen lassen und die Hirseflocken einrühren.
4. Unmittelbar vor dem Essen das Öl und den Saft hinzufügen bzw. das Obst mit einer Küchenreibe unterreiben.

Statt des Zuckermaises können Sie auch die **eisenhaltigeren Gartenerbsen** aus dem Tiefkühlfach nehmen.

Kürbis-Kartoffelpüree mit Rührei

20 Minuten

Ergibt ca. 270 g

Reich an Eisen

Für vegetarische Beikost geeignet

100 g Hokkaidokürbis
1 kleine Kartoffel (50 g)
50 ml Wasser
1 kleines Ei
2 TL Öl
1–2 EL Obstsaft (Apfel- oder Orangensaft), vorzugsweise frisch gepresst, oder 1 Schnitz frisches Obst (Apfel oder Birne)

1. Den Kürbis waschen, evtl. abbürsten und in kleine Würfel schneiden.
2. Die Kartoffel schälen und ebenfalls in kleine Würfel schneiden.
3. Den Kürbis und die Kartoffeln in dem Wasser 15 Minuten weich kochen. Mit einer Gabel zerdrücken oder mit dem Stabmixer fein pürieren.
4. Das Ei verquirlen und mit 1 EL Wasser und 1 TL Butter in einem kleinen Topf bei mittlerer Hitze garen, dabei mit einer Gabel verrühren. Das Rührei unter das Kartoffel-Gemüse-Püree rühren.
5. Unmittelbar vor dem Essen das Öl und den Saft hinzufügen bzw. das Obst mit einer Küchenreibe unterreiben.

Kürbis enthält **Carotinoide,** sekundäre Pflanzenstoffe, die der Gesundheit förderlich sind.

Kürbis punktet durch seinen leicht süßen Geschmack. In Kombination mit Kartoffeln ergibt er ein schönes Püree – auch für die ganze Familie. Eier enthalten hochwertiges Eisen – wichtig für die fleischlose Babyernährung.

Ein sehr eisenreicher und wohlschmeckender Brei. In Kombination mit Haferflocken ein empfehlenswertes Gericht für die vegetarische Beikost.

Pastinaken-Haferflockenbrei

20 Minuten

Ergibt ca. 270 g

Allergenarm

Reich an Eisen

Für vegetarische Beikost geeignet

100 g Pastinaken, geschält und in kleine Würfel geschnitten
20 g (ca. 2 EL) Haferflocken
100 ml Wasser
½ Apfel
2 TL Öl

1. Die Pastinaken zusammen mit den Haferflocken in dem Wasser 10 Minuten bei mittlerer Hitze garen. Mit einer Gabel zerdrücken oder mit dem Stabmixer fein pürieren.
2. Den Apfel waschen und das Kerngehäuse entfernen. Mit einer Küchenreibe unter den Brei rühren.
3. Unmittelbar vor dem Essen das Öl hinzufügen.

Variante:
Statt des Apfels können Sie auch eine weiche Birne verwenden.

Der Pastinaken-Haferflocken-Brei eignet sich auch gut als Grundlage für den Obst-Getreide-Brei am Nachmittag. Besonders gut schmeckt er, wenn Sie unter den lauwarmen Brei eine halbe Banane und einen halben reifen Pfirsich pürieren. Als Fettlieferanten nehmen Sie 1 TL Butter und 1 TL kaltgepresstes Walnussöl.

Zwergen-Ratatouille

30 Minuten

Ergibt
3 Baby-Portionen
oder 1 Baby- plus
Erwachsenen-Portion

Reich an Eisen

Für vegetarische
Beikost geeignet

70 g rundkörniger Naturreis
je 50 g Paprikaschote grün, gelb und rot
50 g Zucchini
50 g Auberginen
1 Tomate
½ kleine Zwiebel
1 EL Olivenöl extra vergine
1 TL frischer Thymian, fein gehackt
2 TL frisch geriebener Parmesan
6 TL Öl
3–6 EL Obstsaft (Apfel- oder Orangensaft), vorzugsweise frisch gepresst

Ein schmackhafter Klassiker für die ganze Familie.

1. Den Reis mit 150 ml Wasser aufkochen lassen und ca. 30 Minuten bei kleiner Hitze garen. Dabei öfter umrühren.
2. Paprika, Zucchini und Aubergine waschen. Die Paprika halbieren, die Stielansätze, die Samen sowie die weiße Innenhaut entfernen. Von der Zucchini und der Aubergine Blüten- und Stielansatz entfernen. Die Tomate waschen und den Stielansatz entfernen. Die Zwiebel schälen. Das Gemüse in etwa 5 mm große Stückchen schneiden.
3. Das Olivenöl in einem Topf erhitzen und das Gemüse sanft anbraten. Bei kleiner Hitze unter gelegentlichem Rühren 15–20 Minuten garen. 5 Minuten vor dem Ende der Garzeit den Thymian dazugeben.
4. Den Reis mit dem Gemüse vermengen. Den Parmesan über das Ratatouille streuen.
5. Unmittelbar vor dem Essen für das Baby je 2 TL Öl und 1–2 EL Saft hinzufügen.

Tipp: Für die Erwachsenen das Ratatouille mit Salz, frisch gemahlenem schwarzem Pfeffer und 1 EL Kräuterfrischkäse abschmecken.

Tomaten-Lamm-Couscous

30 Minuten

Ergibt ca. 290 g

Reich an Eisen

30 g mageres Lammfleisch (Filet)
2 Nadeln frischer bzw. 1 Prise getrockneter Rosmarin
20 ml Wasser
2 kleine Tomaten (ca. 150 g)
20 g (2 EL) Couscous aus Hartweizen
2 TL Öl
1–2 EL Obstsaft (Apfel- oder Orangensaft), vorzugsweise frisch gepresst, oder 1 Schnitz frisches Obst (Apfel oder Birne)

1. Das Fleisch in kleine Würfel schneiden und zusammen mit dem Rosmarin in dem Wasser 15–20 Minuten bei mittlerer Hitze weich garen. Die Rosmarinnadeln entfernen und das Fleisch samt dem Kochwasser mit dem Stabmixer pürieren.
2. Die Tomaten waschen, mit kochendem Wasser überbrühen, kalt abschrecken und häuten. In kleine Würfel schneiden, dabei den Stielansatz entfernen.
3. Die Tomaten und den Couscous mit 50 ml kochendem Wasser übergießen und gar ziehen lassen.
4. Den Tomatencouscous und den Fleischbrei miteinander verrühren.
5. Unmittelbar vor dem Essen das Öl und den Saft hinzufügen bzw. das Obst mit einer Küchenreibe unterreiben.

Die **Tomaten** liefern gekocht wertvolles Lycopin, einen wichtigen Schutzstoff. **Lammfleisch** enthält viel Eisen und ist besonders zart. Instant-Couscous aus Hartweizengrieß ist ein Blitzgetreide; in nur zehn Minuten ist er weich gegart.

n sehr schmack-
ıftes Gericht, von
ɜm auch der Rest
ɜr Familie gerne
ofitiert.

Baby-Bolognese

30 Minuten

Ergibt 3 Baby-Portionen oder 1 Baby- plus Erwachsenen-Portion

Reich an Eisen

80 g Vollkornspaghetti
8 TL Öl
100 g mageres Rinderhackfleisch
3 EL ungesalzenes Tomatenmark
100 g Karotten, geraspelt
100 g Zucchini, geraspelt
50 ml Wasser
1 Birne
3 TL frisch geriebener Parmesan
3–6 EL Obstsaft (Apfel- oder Orangensaft), vorzugsweise frisch gepresst

Tipp: Für die Erwachsenen die Sauce mit Salz, frisch gemahlenem schwarzem Pfeffer und 1 EL Kräuterfrischkäse würzen.

1. Die Spaghetti in kleine, mundgerechte Stücke brechen. In reichlich Wasser in 10 Minuten weich kochen.
2. 2 TL Öl erhitzen und das Hackfleisch zusammen mit dem Tomatenmark leicht anbraten. Das Gemüse zu dem Fleisch geben, mit dem Wasser aufgießen und bei kleiner Hitze 10–15 Minuten weich garen.
3. 5 Minuten vor dem Ende der Garzeit die Birne in die Sauce raspeln und mitgaren.
4. Die Nudeln mit der Sauce vermengen und mit dem Parmesan bestreuen.
5. Unmittelbar vor dem Essen für das Baby je 2 TL Öl und 1–2 EL Saft hinzufügen.

Fenchel ist mild-würzig und hat einen anis-ähnlichen, aromatischen Geschmack. Er hilft bei Blähungen. Seelachs liefert wichtiges Jod, das Ihr Baby für eine gesunde Entwicklung benötigt.

Fenchel-Seelachs-Brei

20 Minuten

Ergibt 250 g

1 kleine Kartoffel (50 g)
100 g Fenchel
30 g Seelachsfilet ohne Gräten
50 ml Wasser
2 TL Öl
1–2 EL Obstsaft (Apfel- oder Orangensaft), vorzugsweise frisch gepresst, oder 1 Schnitz frisches Obst (Apfel oder Birne)

1. Die Kartoffel mit Wasser bedeckt in 15 Minuten (die Garzeit variiert je nach Sorte und Größe) weich kochen.
2. Den Fenchel waschen, die äußeren Blätter und den Strunkansatz entfernen. In kleine Stücke schneiden.
3. Den Seelachs zusammen mit dem Fenchel in dem Wasser in einem kleinen Topf zum Kochen bringen. Bei kleiner Hitze 15 Minuten weich garen und mit dem Stabmixer pürieren.
4. Die Kartoffel schälen, mit einer Gabel grob zerdrücken und zum Brei geben.
5. Unmittelbar vor dem Essen das Öl und den Saft hinzufügen bzw. das Obst mit einer Küchenreibe unterreiben.

Kürbis-Reis-Hühnchen-Brei

30 Minuten

Ergibt 250 g

Allergenarm

20 g (ca. 2 EL) rundkörniger Naturreis
80 ml Wasser
100 g Hokkaidokürbis
30 g Hühnerbrustfilet
2 TL Öl
1–2 EL Obstsaft (Apfel- oder Orangensaft), vorzugsweise frisch gepresst, oder 1 Schnitz frisches Obst (Apfel oder Birne)

1. Den Reis in 50 ml Wasser aufkochen lassen und ca. 30 Minuten bei kleiner Hitze weich garen. Dabei öfter umrühren.
2. Den Kürbis waschen, evtl. abbürsten und in kleine Würfel schneiden.
3. Das Hühnerbrustfilet kalt abwaschen, trocken tupfen und in kleine Stücke schneiden.
4. Den Kürbis mit dem Hühnchen in dem restlichen Wasser 15–20 Minuten bei mittlerer Hitze garen. Anschließend mit dem Stabmixer fein pürieren.
5. Den Reis unter den Gemüse-Fleisch-Brei rühren.
6. Unmittelbar vor dem Essen das Öl und den Saft hinzufügen bzw. das Obst mit einer Küchenreibe unterreiben.

Hühnchenfleisch enthält leicht verdauliches Eiweiß. Achten Sie unbedingt auf artgerechte und medikamentenfreie Aufzucht!

Kartoffel-Kohlrabi-Karotten-Fleisch-Eintopf

45 Minuten

Ergibt
3 Baby-Portionen
oder 1 Baby- plus
1 Erwachsenen-Portion

Reich an Eisen

Allergenarm

100 g Kohlrabi
100 g Karotten
3 kleine Kartoffeln
100 g mageres Kalbfleisch (Tafelspitz)
250 ml Wasser
6 TL Öl
3–6 EL Obstsaft (Apfel- oder Orangensaft), vorzugsweise frisch gepresst

1. Den Kohlrabi und die Karotten waschen, schälen und in kleine, mundgerechte Würfel schneiden.
2. Die Kartoffeln schälen und ebenfalls in kleine, mundgerechte Würfel schneiden.
3. Das Fleisch von Fett und Sehnen befreien und in kleine, mundgerechte Stücke schneiden.
4. Das Gemüse, die Kartoffeln und das Fleisch in kochendes Wasser geben und bei kleiner Hitze 20–30 Minuten weich garen. Auf Esstemperatur abkühlen lassen.
5. Soll der Eintopf sämiger sein, die Kartoffelstückchen mit einer Gabel zerdrücken oder mit 1 EL Instantflocken binden.
6. Unmittelbar vor dem Essen für das Baby je 2 TL Öl und 1–2 EL Saft hinzufügen.

Ein **klassischer Eintopf**, der auch dem Rest der Familie gut schmeckt.

Obst-Getreide-Gerichte

Kirsch-Haferflockenbrei

20 Minuten

Ergibt ca. 220 g

Reich an Eisen

Für vegetarische Beikost geeignet

20 g (2 EL) Haferflocken
50 g reife Kirschen
½ Banane
50 g reife Himbeeren
1 TL Butter oder Pflanzenöl

1. Die Haferflocken in 50 ml heißem Wasser 5 Minuten köcheln lassen und anschließend 10 Minuten quellen lassen.
2. Die Kirschen waschen, entstielen und entsteinen.
3. Die Banane schälen und in kleine Stücke schneiden.
4. Die Himbeeren waschen und verlesen. Zusammen mit den Kirschen und der Banane mit dem Stabmixer fein pürieren.
5. Das Obstpüree unter den Haferflockenbrei rühren und die Butter in Flöckchen oder Öl hinzufügen.

Kirschen, Himbeeren und Haferflocken enthalten viel **wertvolles Eisen**.

Milch-Getreide-Gerichte

Feigen-Hafer-Milchbrei

15 Minuten

Ergibt 270 g

Reich an Eisen

Für vegetarische Beikost geeignet

50 g reife Feigen (alternativ 1 getrocknete Feige)
200 ml Vollmilch, 3,5 % Fett
20 g Haferflocken, zartblättrig

1. Die Feigen schälen und in kleine Stücke schneiden.
2. Die Feigenstücke mit den Haferflocken in der Milch aufkochen und 10 Minuten im geschlossenen Topf quellen lassen.
3. Vor dem Servieren mit einer Gabel alles fein zerdrücken.

Feigen sind genauso wie Haferflocken reich an Eisen. Außerdem wirken sie verdauungsfördernd und stuhlauflockernd.

Apfel-Milchreis

40 Minuten

Ergibt ca. 290 g

Allergenarm

Für vegetarische Beikost geeignet

40 g (ca. 4 EL) Milchreis/Risottoreis
200 ml Vollmilch, 3,5 % Fett
½ Apfel, z. B. Boskop

1. Den Reis in der Milch aufkochen und 30 Minuten bei kleiner Hitze köcheln lassen. Dabei häufig umrühren.
2. Den Apfel waschen und das Kerngehäuse entfernen, evtl. schälen. In mundgerechte Stücke schneiden.
3. Während der letzten 10 Minuten Kochzeit für den Milchreis die Apfelstücke hinzufügen und gar ziehen lassen.

Ein feines Gericht aus Großmutters Zeiten! Nostalgie pur.

Aprikosen-Grießbrei

20 Minuten

Ergibt 280 g

Allergenarm

Für vegetarische Beikost geeignet

50 g Aprikose
30 g (ca. 3 EL) Dinkelgrieß
200 ml Vollmilch, 3,5 % Fett

Ein Brei, der auch älteren Kindern sehr gut schmeckt.

1. Die Aprikosen waschen und entkernen. In mundgerechte Stück schneiden.
2. Den Grieß in der Milch aufkochen. Die Aprikosenstücke hinzufügen und 10 Minuten quellen lassen. Dabei gelegentlich umrühren.

Bananen-Polenta

15 Minuten

Ergibt 270 g

Allergenarm

Für vegetarische Beikost geeignet

20 g (ca. 2 EL) Maisgrieß (Polenta)
200 ml Vollmilch, 3,5 % Fett
50 g Banane

Auch ein Brei, bei dem ältere Kind nicht Nein sagen werden.

1. Den Grieß in der Milch aufkochen und 10 Minuten quellen lassen. Dabei gelegentlich umrühren.
2. Die Banane schälen, in mundgerechte Stücke schneiden und unter die Polenta rühren.

Backen

Geben Sie Ihrem Kind das Gebäck nicht, um es zu trösten oder es zu beruhigen. Es würde sich zu schnell daran gewöhnen und würde bei jeder Gelegenheit süße Leckereien einfordern.

Sobald sich die ersten Zähnchen bemerkbar machen, haben viele Babys den Drang, an festen Nahrungsmitteln wie Keksen oder Waffeln zu lutschen und zu kauen. Sind die Zähnchen dann erst mal da, möchten die Kleinen diese auch einsetzen und knabbern begeistert an harten Plätzchen oder Zwieback.

In diesem Kapitel finden Sie eine Auswahl an Rezepten, die alle sehr wenig Zucker und keine überflüssigen Zusatzstoffe enthalten. Probieren Sie sie aus, und Sie können das »Backwerk« mit gutem Gewissen Ihrem Kind für die ersten Knabberversuche geben.

Handelsübliche Backwaren enthalten häufig **zu viel Zucker** und überflüssige Zusatzstoffe und sind deshalb nicht für die Kinder geeignet.

Ein wichtiger Hinweis: Setzen Sie die Knabbereien sinnvoll und mit Bedacht ein. Sie sind nicht zum Dauerlutschen geeignet, und sie sind kein Ersatz für eine ausgewogene Mahlzeit.

Oma Monis feine Biskuitwaffeln

15 Minuten
Backzeit: 15 Minuten
Ergibt 6 kleine Waffeln
Ab dem 8. Monat

25 g Butter
1 Ei
3 EL heißes Wasser
20 g Zucker
50 ml Mineralwasser mit Kohlensäure
100 g Dinkelmehl Type 1050
1 TL Backpulver
1 EL Öl für das Waffeleisen

1. Die Butter in einem kleinen Topf zerlassen.
2. Das Ei trennen. Das Eigelb mit dem Wasser mit einem Schneebesen schaumig schlagen. Zwei Drittel des Zuckers hinzufügen und zu einer cremigen Masse schlagen.
3. Das Eiweiß mit einem Handrührgerät steif schlagen und den restlichen Zucker unterrühren. Das Mineralwasser mit einem Schneebesen locker unter die Eigelbmasse rühren. Den Eischnee auf die Eigelbcreme geben.
4. Das mit Backpulver gemischte Mehl über den Eischnee sieben.
5. Mehl und Eischnee behutsam unter die Eigelbcreme ziehen, nicht rühren!
6. Die flüssige, abgekühlte Butter nach und nach unter den Teig ziehen.
7. Ein Waffeleisen mit etwas Öl bepinseln und eine Kelle Teig hineingießen. Die erste Waffel backen, bis sie leicht knusprig, aber noch nicht gebräunt ist. Mit dem übrigen Teig ebenso verfahren.
8. Die fertigen Waffeln abkühlen und über Nacht an der Luft etwas hart werden lassen.

Sollten dagegen die **Waffeln richtig knusprig** werden, reduzieren Sie das Mineralwasser, und geben Sie den festeren Teig mit einem Esslöffel in das Waffeleisen. Nach Belieben können Sie die Zuckermenge variieren oder die Waffeln ganz zuckerfrei backen.

Wenn Sie etwas **weichere Waffeln** bevorzugen, geben Sie etwas mehr Mineralwasser oder einen Schluck Milch in den Teig, bis er leicht vom Löffel fließt.

ie fertigen
Vaffeln sind
ut verschlos-
en zehn Tage
altbar.

Feine Butterkekse

30 Minuten
Ruhezeit: 30 Minuten
Backzeit: 15 Minuten
Ergibt ca. 50 Stück
Ab dem 8. Monat

125 g kalte Butter
25 g feiner Zucker
1 Ei
250 g Mehl Type 1050

1. Die Butter zügig mit dem Zucker verkneten. Die Eier dazugeben, das Mehl darübersieben und zu einem glatten Teig kneten.
2. Den Teig in vier gleich große Kugeln formen und in Frischhaltefolie wickeln.
3. Den Teig im Kühlschrank 30 Minuten ruhen lassen.
4. Den Backofen auf 200 °C (Ober-/Unterhitze) vorheizen.
5. Den kalten Teig portionsweise auf einer bemehlten Arbeitsfläche ca. 2 mm dick ausrollen und mit einer Ausstechform Kekse ausstechen. Dabei den Teig nicht warm werden lassen, gegebenenfalls erneut kühl stellen. Ist der Teig sehr klebrig, kann er auch gut zwischen zwei Lagen Backpapier ausgerollt werden. Alternativ kleine Kugeln (1 cm Durchmesser) formen und direkt auf dem Backblech zu flachen Keksen drücken.
6. Die Kekse auf ein mit Backpapier belegtes Backblech legen und im heißen Ofen ca. 10–15 Minuten backen, bis die Kekse leicht hell gebräunt sind. Vor dem Verzehr abkühlen lassen.

Die **Butterkekse** enthalten wenig Zucker und sind eine Alternative zu handelsüblichen Keksen.

Ist der Teig sehr klebrig, kann er auch gut zwischen zwei Lagen Backpapier ausgerollt werden. Alternativ kleine Kugeln (1 cm Durchmesser formen und direkt auf dem Backblech zu flachen Keksen drücken.

Zwieback

30 Minuten
Ruhezeit: 30 Minuten
+ 1 Tag
Backzeit: 1 ½ Stunden
Ergibt ca. 40 Stück
Ab dem 8. Monat

500 g Mehl Type 1050
30 g weiche Butter
20 g frische Hefe
250 ml Vollmilch, 3,5 %
10 g Rohrzucker
1 Prise Meersalz
etwas Butter für die Form

Die **Zwiebackscheiben** sind gut verschlossen gelagert zwei Wochen haltbar. Bei Bedarf können Sie im Toaster erneut knusprig gebacken werden.

1. Das Mehl auf eine Arbeitsfläche sieben und in die Mitte eine Mulde drücken. Die Butter in Flöckchen in die Mulde geben.
2. Die Hefe zerbröseln und zur Butter geben.
3. Die Milch etwas erwärmen (handwarm) und mit dem Zucker und dem Salz zu der Butter und der Hefe in die Mehlmulde geben.
4. Alle Zutaten zu einem glatten Teig kneten.
5. Den Teig abgedeckt an einem warmen Ort ca. 30 Minuten gehen lassen. Den Backofen auf 150 °C (Ober-/Unterhitze) vorheizen. Den Teig noch einmal gründlich kneten und in eine gefettete Kastenform geben.
6. Den Teig im heißen Ofen auf der mittleren Schiene ca. 45 Minuten backen, bis er leicht hell gebräunt ist.
7. Anschließend abkühlen lassen und in 1 cm dicke Scheiben schneiden. Die Scheiben auf einen Backofenrost legen und über Nacht ruhen lassen.
8. Die Zwiebackscheiben am nächsten Tag bei 150 °C ca. 15 Minuten backen, dabei eventuell wenden.

Der **Zwieback** ist ein tolles Knabbergebäck für die ersten Zähnchen.

Tipp: Möchten Sie lieber kleine **Zwiebackstücke,** können Sie den Teig vor dem Backen in zwei Hälften teilen. Diese zu 3 cm dicken Rollen formen. Die Rollen auf ein mit Backpapier belegtes Blech setzen und ca. 30–40 Minuten bei 150 °C backen. Anschließend vorgehen wie obenstehend beschrieben.

Tomtes Dinkelpfannkuchen

15 Minuten
Backzeit: 15 Minuten
Ergibt ca. 3–4 Stücke
Ab dem 9. Monat

1 Ei
1 Prise Salz
75 ml Vollmilch, 3,5 %
60 g Dinkelmehl Type 1050
60 ml Mineralwasser mit Kohlensäure
Öl zum Backen

1. Das Ei aufschlagen und mit einem Schneebesen mit dem Salz verrühren.
2. Die Milch schluckweise unter Rühren dazugeben. Das Mehl dazusieben und unterrühren.
3. Das Mineralwasser mit einem Schneebesen zügig unterrühren.
4. Eine Pfanne mit etwas Öl auspinseln und erhitzen.
5. Eine Kelle Teig in die Pfanne geben und bei mittlerer Hitze einen Pfannkuchen ausbacken. Dabei einmal wenden.
6. Mit dem restlichen Teig in derselben Weise weiterverfahren, dabei gelegentlich etwas Öl in die Pfanne geben.
7. Die Pfannkuchen vor dem Verzehr abkühlen lassen.
8. Nach Geschmack dünn mit Marmelade oder Fruchtsauce (siehe Rezept Beerensauce, Seite 98) bestreichen.
9. Vor dem Essen zusammenrollen und in etwa 3 cm lange Stücke schneiden.

ipp: Füllen Sie ie Pfannkuchen nit Spinat, anstatt ie mit Marmelade der Fruchtsauce zu estreichen, dann aben Sie ein ebeno köstliches wie llgemein beliebtes Mittagessen.

Die weichen Pfannkuchen sind ein Leckerbissen und optimal für die ersten Essversuche aus der Hand. Sie sind besonders beliebt auch zum Frühstück für die ganze Familie. In Frischhaltefolie gewickelt auch ein praktischer Happen für unterwegs.

Bananen-Kinderkekse

30 Minuten
Ruhezeit: 30 Minuten
Backzeit: 15 Minuten
Ergibt ca. 50 Stück
Ab dem 9. Monat

100 g weiche Butter
1 große reife Banane
200 g Vollkornmehl Type 1050

1. Den Backofen auf 200 °C (Ober-/Unterhitze) vorheizen.
2. Die Butter mit einem Handrührgerät schaumig rühren.
3. Die geschälte Banane in Scheiben schneiden und mit der Butter gut verrühren. Das Mehl hinzufügen und zu einem glatten, weichen Teig verarbeiten.
4. Den Teig 30 Minuten im Kühlschrank ruhen lassen.
5. Aus dem Teig eine 1 cm dicke Rolle formen und Stücke von jeweils einem ½ cm schneiden. Mit der Hand zu flachen Keksen drücken.
6. Die Kekse auf ein mit Backpapier belegtes Backblech legen und im heißen Ofen ca. 15 Minuten backen.
7. Vor dem Verzehr abkühlen lassen.

Durch die natürliche Süße der **Banane** benötigen die Kekse keinen zusätzlichen Zucker.

Tipp: Glutenfreie Kekse erhalten Sie, wenn Sie das im Rezept genannte Vollkornmehl durch fein gemahlenes Maismehl ersetzen.

Apfelbrötchen

30 Minuten
Ruhezeit: 45 Minuten
Backzeit: 20 Minuten
Ergibt ca. 10–15 Stück
Ab dem 10. Monat

50 g Butter
20 g Zucker
150 ml Apfelsaft
300 g Dinkelmehl Type 1050
200 g Haferflocken
20 g frische Hefe
2 Äpfel, z. B. Jonagold oder Boskop

1. Die Butter mit dem Zucker und dem Apfelsaft in einem Topf erwärmen, bis die Butter geschmolzen ist und der Zucker sich aufgelöst hat.
2. Das Mehl, die Haferflocken und die Hefe in eine Schüssel geben und miteinander vermengen.
3. Mit dem Butter-Zucker-Saft-Gemisch zu einem glatten Teig verkneten.
4. Die Äpfel waschen, schälen und das Kerngehäuse entfernen. In kleine Würfel schneiden und unter den Teig kneten. Abgedeckt an einem warmen Ort ca. 30 Minuten gehen lassen.
5. Den Teig nochmals gründlich kneten und kleine Brötchen formen. Diese in jeweiligem Abstand von 3 cm voneinander auf ein mit Backpapier belegtes Blech setzen und 15 Minuten an einem warmen Ort gehen lassen.
6. Den Backofen auf 200 °C (Ober-/Unterhitze) vorheizen.
7. Die Brötchen mit Wasser benetzen und auf der mittleren Schiene im heißen Ofen etwa 20 Minuten backen. Vor dem Verzehr abkühlen lassen.

Schmackhafte **Brötchen,** die die ganze Familie lieben wird.

Nützliche Adressen

Deutsche Gesellschaft für Ernährung e. V.
Godesberger Allee 18
53175 Bonn, www.dge.de

aid infodienst Ernährung
Landwirtschaft, Verbraucherschutz e. V.
Heilsbachstraße 16
53123 Bonn, www.aid.de

Forschungsinstitiut für Kinderernährung
Heinstück 11
44225 Dortmund
www.fke-do.de

Verbraucherzentrale Bayern e.V.
Mozartstraße 9
80336 München
www.verbraucherzentrale-bayern.de

Gesellschaft Anthroposophischer
Ärzte in Deutschland e. V.
Roggenstr. 82
70794 Filderstadt
www.anthroposophischeaerzte.de

Nützliche Literatur

D-A-CH Referenzwerte der DGE, ÖGE, SGE/SVE
S3-Leitlinie Allergieprävention Ð Update 2009

Der kleine Souci/Fachmann/Kraut, Lebensmitteltabelle für die Praxis, Wissenschaftliche Verlagsgesellschaft mbH, 3. Auflage, Stuttgart 2004

Ernährung von Säuglingen, aid Infodienst, Roggentin 2010

Empfehlungen für die Ernährung von Säuglingen und Kleinkindern mit einer Lebensmittelallergie, Forschungsinstitut für Kinderernährungg, 3. überarbeitete und neugestaltete Auflage, Dortmund 2010

Ruth von Braunschweig, Pflanzenöle: Qualität, Anwendung und Wirkung, Stadelmann Verlag, Wiggensbach 2010

Natalie Stadelmann, seit 2010 Mutter einer Tochter, ist ausgebildete PTA. Seit 2007 ist sie Referentin für Ernährung und Aromatherapie, darunter einer Vortragsreihe für Eltern und Kind zum Thema »Bewusste Ernährung« und Workshops zum Thema »Babyernährung«. 2008–2010 leitete sie ein Schulprojekt »Ernährung und Bewegung«, das 2009 mit dem 1. Platz des Präventionspreises des Wissenschaftlichen Instituts für Prävention im Gesundheitswesen (WIPIG) ausgezeichnet wurde. Als Autorin war sie bislang für Zeitungen und Zeitschriften tätig. Dies ist ihr erstes Buch.

Kontakt zur Autorin, aktuelle Informationen und Beikostplan zum Download unter http://natalie-stadelmann.de

Danke!

Danke allen, die mir beim Entstehen dieses Buches zur Seite gestanden haben:
Ria Lottermoser für Ihre zündende Idee, Ihre Geduld und ihr großes Engagement.
Allen jungen Mamas, Papas und ihren Beikost-Babys, besonders Tami, Laura, Sonja, Nora, Anja, Flora, für die Fragen und Anregungen, die mich immer wieder inspiriert haben.
Und natürlich unseren Omas, Opas und Uris: Monika und Hans, Ingeborg und Konrad, Bärbl und Otto, Gretel und Hermann, Mili – was wären wir ohne Euch! N. S.

Barbara Lutterbeck ist auf Food- und Still-Life-Fotografie spezialisiert und hat bislang nahezu 40 Kochbücher fotografisch gestaltet. Sie betreibt ein Fotostudio in Köln und arbeitet für internationale Auftraggeber aus der Industrie sowie Buch- und Zeitschriftenverlage.

STYRIA
BUCHVERLAGE

ISBN 978-3-99011-042-3

Bücher aus der Verlagsgruppe Styria gibt es
in jeder Buchhandlung und im Online-Shop
www.styriabooks.at

HAFTUNGSAUSSCHLUSS
Dieses Buch wurde mit größter Sorgfalt und auf der Grundlage aktueller wissenschaftlicher Erkenntnisse erstellt. Dennoch kann es nicht den Rat eines Kinderarztes, einer Hebamme oder Ernährungsexpertin ersetzen. Der Verlag und die Autorin übernehmen keine Haftung für Personen-, Sach- oder Vermögensschäden.

Umschlaggestaltung: www.buero-jorge-schmidt.de
Layout und Satz: www.marchwinski.de

Bildnachweis:
Umschlagvorderseite oben, Seite 22, 38 und 43: Getty Images.
Alle übrigen Bilder Barbara Lutterbeck
Printed in the EU
20 19 18 17 16 15 14 13